ISRAEL Y LA GRAN COMISIÓN

CÓMO LA GRAN COMISIÓN CUMPLE LOS PROPÓSITOS QUE DIOS TIENE PARA ISRAEL Y LAS NACIONES

SAMUEL WHITEFIELD

Israel y la Gran Comisión—Cómo la Gran Comisión cumple los propósitos que Dios tiene para Israel y las naciones
Por Samuel Whitefield

Publicado por OneKing Publishing
PO Box 375
Grandview, MO 64030

Email: contact@oneking.global
Página web: https://oneking.global

Segunda edición. Primera edición en español.
Traducido al español por Andrea Tofilon

ISBN: 978-1-7323380-8-1
eBook ISBN: 978-1-7323380-7-4

Todo énfasis en los pasajes bíblicos pertenece al autor.

Dedicado a todos aquellos que trabajan arduamente en el anonimato para que Israel y las naciones conozcan al Cordero.

Y ahora dice el Señor (el que me formó desde el seno materno para ser su siervo, para hacer que Jacob vuelva a El y que Israel se reúna con El, porque honrado soy a los ojos del Señor y mi Dios ha sido mi fortaleza), dice El: Poca cosa es que tú seas mi siervo, para levantar las tribus de Jacob y para restaurar a los que quedaron de Israel; también te haré luz de las naciones, para que mi salvación alcance hasta los confines de la tierra. (Isaías 49:5–6)

Contenido

Israel y la Gran Comisión

¿Que relación tienen Israel y la Gran Comisión?

La frase *Gran Comisión* es el término que más constantemente usamos para describir la asignación que Dios le ha dado a la Iglesia en este tiempo. Es un término que surge de las palabras de Jesús:

> *Id, pues, y haced discípulos de todas las naciones, bautizándolos en el nombre del Padre y del Hijo y del Espíritu Santo, enseñándoles a guardar todo lo que os he mandado; y he aquí, yo estoy con vosotros todos los días, hasta el fin del mundo (Matthew 28:19–20)*

Aunque la Iglesia cumple un propósito que abarca mucho más que la Gran Comisión, la misma es un resumen conciso de la tarea que la Iglesia tiene de este lado de la eternidad. La mayoría, al pensar en la Gran Comisión, imagina primordialmente la evangelización de las naciones, pero la tarea incluye mucho más que ello.

Durante los últimos dos años, la Iglesia se ha topado con el problema de definir cómo los seguidores gentiles de Jesús deberían relacionarse con Israel. Durante mucho de la historia de la Iglesia, los creyentes han asumido que Dios se deshizo de cualquier destino único o plan específico que hubiese tenido para el pueblo judío y que las promesas destinadas para ellos originalmente han sido transferidas a la Iglesia. Por eso, desde hace siglos, la mayoría de creyentes ha pensado que este asunto ya estaba decidido, sin embargo el siglo veinte lo cambió todo.

Por casi ya dos mil años, la historia de Israel parecía haber acabado, cuando un lunático provocó una Guerra Mundial y dijo que su éxito en esa guerra sería dependería de su éxito en completar la aniquilación del pueblo judío. La resurgencia repentina del Estado de Israel – algo que desafió todos los pronósticos—inmediatamente le siguió a este intento repugnante de genocidio. En tan sólo una década, el mundo fue súbitamente forzado a lidiar con el Holocausto y al mismo tiempo con el establecimiento del estado moderno de Israel. Desde 1948 hasta el día de hoy, las naciones siguen teniendo conflicto con el tema de Israel, y después del tema de la persona misma de Jesús, Israel se ha convertido quizás en el tema más controversial en la tierra.

El tema de Israel también ha desafiado de forma especial a la Iglesia. Una parte de la misma ve a Israel como una reliquia del pasado que ya no tiene significado en el plan redentor de Dios. Otra parte de la Iglesia puede percibir un propósito único y latente para Israel en el plan redentor y ve también su significado bíblico y profundo en los eventos del siglo veinte. *El tema de Israel es debatido y discutido vigorosamente en la Iglesia, pero raramente dentro del contexto de la Gran Comisión.*

Sin embargo, si Israel es importante y la Gran comisión es la asignación primordial en este siglo, debemos ver la cuestión de Israel a través de los lentes de la Gran Comisión para poder entenderla apropiadamente. Muchos creyentes ven a la Gran Comisión como una tarea del Nuevo Testamento; una misión que cambia el enfoque de la Iglesia haciendo que las naciones dejen de prestarle atención a la historia de Israel. Parte del plan redentor de Dios es cumplir sus promesas a Israel porque Israel y las naciones están profundamente conectadas en el contexto de la Gran Comisión. El mandamiento de ir a las naciones de la tierra no fue una misión nueva. Es la continuación de la misión que empezó en el Antiguo Testamento – una misión que nació para bendecir a Israel *y también* a las naciones.

El propósito de este libro es entender a Israel y a las naciones en el contexto de la Gran Comisión examinando las conexiones entre pasajes bíblicos del Antiguo y del Nuevo Testamento. A medida que examinemos estos pasajes, veremos que la Gran Comisión estaba en el corazón de Dios desde el principio porque la misma hace avanzar sus propósitos para Israel y las naciones.

No tenemos espacio en este libro para examinar en detalle muchos de los pasajes y los temas bíblicos a los que hago referencia. Le sugiero a los lectores que aprovechen otros recursos que desarrollan más ampliamente dichos pasajes y conceptos bíblicos.

Descubriremos que la Gran Comisión tiene sus raíces en el Antiguo Testamento. No es un mandamiento nuevo sino que es parte de la progresión de la obra redentora de Dios. De la misma forma, la historia de Israel no termina con el Antiguo Testamento. Es una historia que sigue desarrollándose y que depende de las naciones para poder llegar a su realización plena.

Un momento sin precedentes en la historia de la Iglesia

Antes de que este siglo pueda llegar a su fin, el evangelio debe ser predicado a todos los pueblos de la tierra.[1] La Iglesia ha laborado por casi dos mil años para cumplir con esta misión, y estamos viviendo en la primera generación de la historia de la humanidad en donde esta misión tiene posibilidades reales de cumplirse.[2] Todavía se necesita una cantidad tremenda de trabajo duro, pero estamos viviendo en un momento sin precedentes en la historia de la Iglesia. Este momento y sus implicaciones afectan vastamente la manera en que entendemos la tarea de la Iglesia en esta generación. Aun teniendo en cuenta lo significativo de este momento, la evangelización de todos los pueblos es solamente un componente de la Gran Comisión. Para comprender completamente la tarea de la Iglesia en este lado de la eternidad, necesitamos entender todo lo que abarca la misión del evangelio.

El tema de la Gran Comisión y las misiones no trata solamente acerca de evangelismo. El evangelismo es sólo un aspecto de las misiones. Las misiones existen para discipular a las naciones, y la esencia del discipulado es el enseñarles a las naciones a obedecer lo que Jesús mandó:

Id, pues, y haced discípulos de todas las naciones, bautizándolos en el nombre del Padre y del Hijo y del Espíritu Santo, enseñándoles a guardar todo lo que os he mandado; y he aquí, yo estoy con vosotros todos los días, hasta el fin del mundo (Matthew 28:19–20)

---

[1] Ver Mateo 24:14; 28:19; Hechos 1:8; Apocalipsis 5:9; 7:9.

[2] Aunque hay un aceleramiento en la predicación del evangelio, debemos reconocer que una cantidad enorme de gente todavía no lo ha escuchado y muchos de los grupos étnicos que todavía quedan serán los más difíciles de alcanzar. El número de naciones no alcanzadas está reduciéndose, pero todavía son billones de personas las que no han escuchado el testimonio del evangelio.

Las misiones, al final de cuentas, deben preparar a la tierra para el regreso de Jesús, y la tarea no está completa hasta que todo lo que debe pasar antes de que Jesús regrese se cumpla.

Cuando vemos en las Escrituras, hay dos señales que ocurren en la tierra antes del regreso de Jesús:

1. Debe existir un remanente salvo en cada tribu y lengua.[3]

2. Una controversia global debe explotar en torno a la ciudad de Jerusalén[4] y la salvación de todo Israel.[5]

Vivimos en la primera generación de la historia humana en donde estas dos señales tienen el potencial de cumplirse. Durante siglos, la Iglesia ha estado dedicada a las misiones, pero esta es la primera generación que tiene el potencial de evangelizar a todos los grupos étnicos. Hace cien años ni siquiera sabíamos en donde estaban localizados cada uno de ellos, pero ahora tenemos la posibilidad de ver que cada pueblo reciba el testimonio del evangelio. Este hecho verdaderamente no tiene precedentes.

Al mismo tiempo, somos la primera generación en casi dos mil años que cuenta con un soberano Estado de Israel dentro del contexto de una controversia mundial. Además, somos la primera generación en la historia con una controversia global en torno a la ciudad de Jerusalén. Nunca habían estado las naciones de la tierra conectadas a la controversia global de Jerusalén como lo están ahora.

Aunque fuera solamente una de éstas señales la que estuviera ocurriendo actualmente, sería importantísimo tenerla muy en cuenta. El que ambas señales están ocurriendo en nuestros días requiere, entonces, toda nuestra atención. Para poder comprender todo lo que la Gran Comisión incluye, necesitamos entender cómo estas dos señales están relacionadas, cómo la Biblia describe que se resolverán, y el rol de la Iglesia en dicha resolución.

La gente tiende a enfocarse en Israel cuando lee el Antiguo Testamento y a enfocarse en las naciones cuando lee el Nuevo

---

[3] Ver Mateo 24:14; 28:19; Hechos 1:6–8; Apocalipsis 5:9; 7:9.

[4] Ver Isaías 34; Joel 3; Zacarías 14; Mateo 24:15; Apocalipsis 11.

[5] Ver Jeremías 31:31–34; Ezequiel 36:27–36; Zacarías 12:10–12; Mateo 23:39; 24:30; Hechos 1:6–7; Romanos 11:26–27; Apocalipsis 1:7.

Testamento; sin embargo, un estudio cuidadoso de la Escritura revela que tanto Israel como las naciones están tejidas en el plan de Dios por medio de la Gran Comisión. Desde el principio, el Antiguo Testamento relata promesas hechas a Israel y a las naciones; sin embargo, el Antiguo testamento nunca explica completamente el cómo todas estas promesas llegarán a cumplirse. Cuando vamos al Nuevo Testamento, la Gran Comisión no cambia la trama de la historia reemplazando a Israel con las naciones; por el contrario, el Nuevo Testamento reúne todas las promesas de Dios a Israel y a las naciones en un solo lugar.

La Gran Comisión no solamente es un mandamiento de ir a las naciones. La Gran Comisión es el pegamento que une las promesas de Israel y las promesas de las naciones. La Gran Comisión es la forma en que Dios cumplirá sus promesas. La Iglesia ha tendido a tratar a Israel y a la Gran Comisión como dos temas que no tienen relación alguna, cuando de hecho, ambas son parte de una sola misión en el corazón de Dios. Cuando reconocemos esto, podemos ver mucho mejor la unidad en el plan de Dios y el rol que la Iglesia juega en el cumplimiento de las promesas de Dios para Israel y las naciones.

Aprendiendo de la historia

Para entender la confusión que hoy en día existe en relación a la Gran Comisión—específicamente la falta de entendimiento de la elección de Israel y su vigencia—necesitamos entender dos componentes en la historia de la Iglesia. El primero es la caída de Jerusalén en el año 70 d.C., y el segundo es la influencia de un sistema de teología llamado «dispensacionalismo».

En el año 70 d.C., Roma terminó destruyendo la ciudad sitiada de Jerusalén. A esto le siguió casi un siglo de guerra durante el cual Roma expulsó a la mayoría de la población judía de la región. Dentro del marco de algunos siglos, la Iglesia se volvió predominantemente gentil y empezó a asumir que la destrucción de Jerusalén en el año 70 d.C. y la expulsión subsecuente del pueblo judío eran parte de un final juicio divino sobre Israel. Aproximadamente setenta años después de que Israel cayó ante Babilonia en el año 586 a.C., un remanente judío regresó a la tierra. Sin embargo, después de la destrucción de Jerusalén por parte de los romanos en el año 70 d.C, no hubo ninguna restauración inmediata de Israel. Con el pasar de los siglos, parecía más y más imposible que Israel pudiera existir de nuevo, y por lo tanto, la mayoría de la Iglesia adoptó la suposición de que Dios había acabado con Israel.

La caída de Jerusalén en el 70 d.C. influyó a la teología cristiana mucho más de lo que reconocemos. Para muchos teólogos, esta era la prueba de que Dios ya no quería nada con Israel. Aun así, el resurgimiento repentino del Estado de Israel moderno en 1948 ha resultado ser un desafío profundo al entendimiento que la Iglesia tiene de Israel. El siglo veinte estuvo marcado con el intento de la exterminación del pueblo judío y el establecimiento del Estado de Israel moderno. De repente, Israel se encontró en el centro del escenario mundial, y como resultado, la Iglesia ahora estaba obligada a re-examinar la manera en que se percibía a sí misma y a Israel.

El segundo componente que afectó profundamente el punto de vista que la Iglesia tenia de Israel, es la preeminencia del dispensacionalismo que ha existido durante los últimos cien años. El dispensacionalismo es un sistema teológico desarrollado en el siglo diecinueve que se difundió rápidamente. Se volvió tan prominente que ahora el apoyo que alguien demuestra hacia Israel usualmente se le atribuye a este sistema. Este sistema enfatiza el propósito futuro que Dios tiene con Israel pero también separa el plan de Dios para la Iglesia del plan de Dios para Israel.

Cuando surgió, el dispensacionalismo básicamente proponía que habían dos pueblos de Dios con dos planes de redención diferentes. Un pueblo era la Iglesia, y el otro era Israel. Como resultado de esta idea de «dos pueblos de Dios», el dispensacionalismo creó el contexto para que la gente apoyara a Israel, pero también para que lo viera como separado de la Iglesia gentil, y por ende, separado de la Gran Comisión.

Debido al dispensacionalismo y a otros factores, el enfoque de la Iglesia sobre Israel ha sido frecuentemente más político que misional. Para *muchos cristianos, la cuestión de Israel es primordialmente una cuestión política* (por ejemplo, ¿apoyamos el gobierno de Israel?) *cuando debería ser una cuestión primordialmente misional* (por ejemplo, ¿reconocemos el rol de Israel en el plan de Dios y, por lo tanto, cooperamos con este plan para llevar el evangelio a Israel?). En el Nuevo Testamento, el tema de Israel es principalmente un tema misional, y necesitamos restaurar ese énfasis.[6] Esto no quiere decir que los asuntos políticos no son importantes, pero los asuntos misionales deben ser la prioridad.

Con el pasar del tiempo, los teólogos dispensacionales han propuesto formas de corregir el error del concepto de los dos pueblos de Dios, pero los efectos del dispensacionalismo histórico todavía se pueden sentir. Para evitar este error, debemos ver el tema de Israel en el contexto de la Gran Comisión y del glorioso plan que Dios tiene para producir un solo pueblo de Dios—tanto judío como gentil—es decir, dos pueblos unidos bajo Jesús.

Israel y los pueblos no alcanzados

Las etnias no alcanzadas son esos pueblos que no cuentan con creyentes autóctonos o que cuentan con una comunidad de creyentes tan pequeña que necesita ayuda exterior de la Iglesia global para dispersar el mensaje entre su propia gente. Un *pueblo* se considera alcanzado cuando la Iglesia en ese grupo étnico es lo suficientemente grande como para sostenerse a sí misma y crecer entre su misma población. La comisión de la Iglesia de laborar por el evangelio entre los pueblos no alcanzados tiene implicaciones profundas en la manera en la que vemos a Israel.

Aunque el establecimiento de un Estado de Israel moderno fue profundamente significativo, Israel sigue siendo una nación no salva. Necesita el evangelio profundamente. La reunificación de un pueblo (judío) y la fundación de una nación no son suficientes para cumplir las promesas de Dios. Las promesas de Dios solo están disponibles en Jesús,[7] y por lo tanto, el futuro de Israel está directamente conectado al Rey de Israel.

Aun existiendo una Iglesia vibrante y llena de via en Israel, la nación sigue siendo estadísticamente un grupo étnico no alcanzado. Esto es sorprendente porque la mayoría de pueblos y etnias no alcanzadas están en lugares difíciles de entrar y con poco acceso al evangelio. Israel, por otro lado, es anfitrión de millones de visitantes y turistas cristianos cada año, y aun así sigue siendo una nación no salva.

---

[6] Ver Romanos 1:16; 9:1–3.

[7] Ver Juan 14:6; Romanos 6:23; 2 Corintios 1:20; Gálatas 3:22; 1 Juan 5:11.

La obediencia a la Gran Comisión requiere que la Iglesia en el mundo entero le de prioridad a la nación de Israel como pueblo no alcanzado y apoye al evangelio en esa nación. Sin embargo, Israel tiende a ser descuidada en la conversación de las misiones mundiales. Como el apóstol Pablo declaró:

> *Porque no me avergüenzo del evangelio, pues es el poder de Dios para la salvación de todo el que cree; del judío primeramente y también del griego. (Romanos 1:16)*

EL CONOCIMIENTO DE DIOS EN LA HISTORIA DE ISRAEL

El deseo ardiente de Dios de revelarse a sí mismo

Una de las grandes acusaciones contra Dios es que Él está distante de nosotros, y el creer en esta acusación hace que sea muy difícil el percibir quién es El y lo que Él quiere. Sin embargo, el asunto no es el distanciamiento de Dios sino la apatía del corazón humano debido al pecado. Dios no está lejos. No sólo eso, sino que Él no está callado. El está hablando activamente de maneras distintas.

La forma principal en la que Él ha hablado y continúa hablando es a través de su Hijo:

Dios, habiendo hablado hace mucho tiempo, en muchas ocasiones y de muchas maneras a los padres por los profetas, en estos últimos días nos ha hablado por su Hijo, a quien constituyó heredero de todas las cosas, por medio de quien hizo también el universo. (Hebreos 1:1–2)

Las palabras y la vida de Jesús son el método principal por el cual Dios comunica su naturaleza y su plan de redención.

Otra forma en la que Dios le habla a las naciones es a través de su Palabra. Las Escrituras han quedado registradas y preservadas sobrenaturalmente para nosotros y constituyen la Palabra de Dios para que podamos saber y entender a Dios:[1]

Toda Escritura es inspirada por Dios y útil para enseñar, para reprender, para corregir, para instruir en justicia. (2 Timoteo 3:16)

---

[1] Ver Salmos 19:7–11; 119:97–104, 130; Romanos 15:4; 1 Corintios 10:11; 2 Pedro 1:19.

Una tercera forma en la que Dios nos habla es a través de las naciones y específicamente a través de la historia de Israel. Dios se revela a sí mismo primordialmente a través de lo que Él hace y también en el contexto de cómo se relaciona con el hombre. Esto explica porqué la Biblia está compuesta en su mayoría de historias y no primordialmente de listas de los atributos de Dios. La Biblia define los atributos de Dios, pero Dios revela el significado completo de esos atributos a través de sus interacciones con la humanidad. Por ejemplo, Dios se describe como misericordioso, pero Él revela su misericordia a través de sus interacciones con hombres como David, Pedro y Pablo.

Dios es un maestro brillante, y Él ha hecho de la tierra un aula de inmersión absoluta para instruir a las naciones en el conocimiento de sí mismo. Todo lo que vemos y experimentamos debe instruirnos—si lo percibimos—en el conocimiento de quién es Dios y quién es el hombre:[2]

> ...porque lo que se conoce acerca de Dios es evidente dentro de ellos, pues Dios se lo hizo evidente. Porque desde la creación del mundo, sus atributos invisibles, su eterno poder y divinidad, se han visto con toda claridad, siendo entendidos por medio de lo creado... (Romanos 1:19–20)

Dios no está distante. El tiene un deseo ardiente de revelarse al hombre, y Él ha diseñado su interacción con Israel y las naciones para revelar quién es Él. Israel, en particular, es un regalo de Dios para las naciones. Dios lo usa para instruirnos en el conocimiento de quién es Dios y quién es el hombre. Por lo tanto, estudiamos a Israel para entender mejor y adquirir el conocimiento de Dios.

La historia de Israel trata ultimadamente acerca del Dios de Israel

La historia de Israel establece un contexto para que Dios glorifique a su Hijo. Si hacemos de Israel el punto principal de la Biblia, perdemos el sentido correcto, pero si mantenemos a Jesús como el punto central de la historia de Israel, evitaremos muchos errores y captaremos el beneficio completo de entender el rol de Israel en la historia de la redención.

---

[2] Ver Salmos 19:1-6.

Ultimadamente, la historia de Israel trata acerca del Dios de Israel, y en dicha historia es su gloria la que está en juego:

> *Por tanto, di a la casa de Israel: "Así dice el Señor Dios: 'No es por vosotros, casa de Israel, que voy a actuar, sino por mi santo nombre..."* (Ezequiel 36:22)

Si no percibimos correctamente a Israel, no percibimos tampoco quién es Dios, porque lo que le pase a Israel nos instruye acerca de Dios. Nosotros debemos querer hacer lo mismo que Pablo hizo al reflexionar acerca de la historia de Israel, la cual le hizo explotar en adoración cuando percibió el conocimiento de Dios en ella:

> *¡Oh, profundidad de las riquezas y de la sabiduría y del conocimiento de Dios! ¡Cuán insondables son sus juicios e inescrutables sus caminos! Pues, ¿quién ha conocido la mente del Señor?, ¿o quién llego a ser su consejero?,* (Romanos 11:33–34)

La historia de Israel es una presentación del evangelio

Israel es la parábola de Dios en la tierra, y es a través de la historia completa de Israel que Dios instruye a las naciones. La historia de Israel no solamente revela quién es Dios, sino también quienes somos nosotros. La historia de Israel, por diseño de Dios, está hecha para servir como un espejo para el resto de la humanidad. Cuando observamos la historia de Israel, estamos viendo nuestra propia historia. Israel revela quienes somos nosotros, y las interacciones de Dios con Israel revelan las interacciones de Dios con nosotros.

Esta es la razón por la cual es vital que entendamos la historia de Israel y cómo va a terminar la misma. Dicha historia es una presentación en carne y hueso de los asuntos centrales del dilema humano y el plan que Dios tiene para resolver la crisis de la humanidad y liberar a la creación.

La historia de Israel como resumen del evangelio

Cuando comparamos la historia de Israel a la historia de la humanidad, resulta obvio que la historia de Israel es el plan de redención resumido que Dios nos entrega.

Todo comenzó en la creación. Cuando Dios hizo la tierra, creó cierta cantidad de criaturas. Entonces Él escogió a una de ellas—al hombre—de entre todas las demás y le dio el conocimiento de Dios y la asignación de difundir dicho conocimiento al resto de la creación. *Cuando Dios creó a las naciones, Él escogió a una nación—Israel—y se reveló a sí mismo a Israel de una forma particular y única. Luego comisionó a Israel para que desplegara el conocimiento de Dios a las naciones.*

Cuando Dios escogió al hombre, no lo escogió basado en qué tan calificado él estaba, sino en base a su deseo divino. Dios creó al hombre porque Él lo deseaba, no porque Él lo necesitara. Esta es una de las verdades más profundas del evangelio: nuestra relación con Dios está basada en su deseo, no en el atractivo que tengamos para Él. Ya que Dios ha escogido al hombre para sus propósitos, Dios ultimadamente tiene la responsabilidad de cumplir con el propósito del hombre. *Dios escogió a Israel de acuerdo a su propio deseo. Israel era el más pequeño de los pueblos de la tierra, y aun así, Dios puso su amor y su afecto en ellos.*[3] *Ya que Dios escogió a Israel porque Él quiso y no porque Israel fuera fuerte o hábil, Él conlleva la responsabilidad de hacer que Israel cumpla con su propósito.*

Dios hizo al hombre a su propia imagen,[4] y el hombre sirvió como la representación de Dios en la tierra. *El tabernáculo y luego el templo, dados a Israel, fueron una representación de la presencia de Dios en la tierra. El santuario de adoración de Israel fue hecho como una representación terrenal de lo que hay en los cielos.*[5]

Al hombre se le entregó la tierra y se le dio un llamado sacerdotal. El hombre fue puesto en donde está la presencia de Dios en la tierra y su vida, «en la tierra» (el jardín), estaba supuesta a hacer que la presencia de Dios se difundiera en ella medida que el hombre la subyugaba para los propósitos divinos. *A Israel se le dio un llamado sacerdotal y una región en la tierra. Israel fue la única nación con un templo dedicado al Dios vivo. Israel fue puesto entre las naciones para cultivar la presencia de Dios. Su fidelidad en la tierra debía difundir el conocimiento de Dios a las naciones.*

Al hombre le fueron dadas restricciones simples y claras, pero otra criatura en el jardín—la serpiente—sedujo al hombre, y éste se rebeló contra Dios. Como resultado de ese pecado, el hombre fue echado fuera del jardín y de la presencia de Dios. *A Israel le fueron dadas reglas*

---

[3] Ver Deuteronomio 7:7-8.

[4] Ver Génesis 1:27.

[5] Ver Hebreos 8:5.

simples, pero ellos se rebelaron contra Dios en vez de obedecerlas. Justo como la serpiente sedujo al hombre, las naciones alrededor de Israel les sedujeron para que pecaran. Como resultado, a Israel se le expulsó de la tierra y les fueron quitados tanto la presencia divina como el templo.

Cuando sedujo a la humanidad, el enemigo pensó que había destruido el plan de Dios porque el acuerdo que Él tenía con el hombre era que, si el hombre pecaba, el hombre moriría. La desobediencia del hombre, de hecho, resultó en muerte, pero Dios hizo una promesa para salvarle. *De la misma forma, el enemigo pensó que había destruido a Israel cuando Israel cayó en pecado ya que los términos del pacto que Él hizo con Moisés declaraban que la muerte sería la directa consecuencia de la violación de Israel a dicho pacto.*

Dios no reemplazó a la humanidad ya que el hombre no fue escogido por su habilidad sino en base al deseo de Dios. En vez de ser reemplazados, Dios puso en marcha un plan para redimirlos. Para salvar a la humanidad, Dios se insertó a sí mismo en ella y se hizo hombre. El hombre había sido sentenciado a muerte, pero Dios puso en marcha un plan para traer resurrección. *Cuando Israel pecó, Dios no reemplazó a Israel porque no escogió a la nación en base a su desempeño. En vez de esto, él puso en marcha un proceso para salvarla. El pecado de Israel le trajo muerte a la nación, pero Dios prometió restaurarla. Debido a los términos del pacto, Dios necesitaba a un israelita perfecto para salvar a Israel, así que Dios se comprometió a volverse un israelita. Él se insertó a sí mismo en Israel para salvarla.*

El honor de Dios está en juego y depende de su habilidad de salvar a la humanidad. Si el enemigo puede destruir al hombre con el pecado, entonces él ha triunfado y no Dios. Sin embargo, si Dios puede salvar a la humanidad y cumplir con su intención original, él triunfa sobre el enemigo. La tragedia de la historia humana es que millones de seres humanos se perderán, sin embargo Dios traerá un día de salvación. A través de la obra redentora de Dios el hombre será salvo. *El honor de Dios está atado a su habilidad para salvar a Israel. Por eso es que Moisés intercedió por el futuro de Israel basado en el carácter de Dios.*[6] *Israel no se puede perder porque Dios tiene poder para salvarle. Trágicamente, millones de israelitas se perderán, pero vendrá el día en que Israel será salvo.*

El plan de Dios para salvar a la humanidad no solamente salvará a la humanidad. Terminará redimiendo al cosmos. *El plan de Dios para*

---

[6] Ver Exodo 32:11-13.

salvar a Israel hará mucho más que solamente salvar a Israel. También desatará salvación sobre las naciones.

La historia de Israel es el evangelio

Cuando comparamos el plan de redención a la historia de Israel, podemos ver la historia de Israel en el evangelio. Dios está obrando su plan redentor a la vista de todas las naciones para enseñarnos e instruirnos. Cuando consideramos cuidadosamente la historia de Israel, la misma nos revela la naturaleza de Dios y su salvación y la naturaleza del hombre.

Debido a que la historia de Israel es la presentación del evangelio, es importante notar cómo ésta termina. La historia de Israel no puede terminar simplemente con la derrota de Israel. Debe terminar con la salvación de Israel, así como la historia del hombre no puede terminar con la caída. Debe concluir con la salvación.

En la historia de Israel, es el evangelio lo que estaba en juego

Cuando consideramos la historia de Israel, encontramos que Dios es más tierno y más severo de lo que imaginamos. En su forma de relacionarse con Israel, Dios revela su amor, su disciplina, sus juicios, su misericordia y su salvación. En la forma de tratar a este pueblo en particular, Dios expone quién es él de una manera muy íntima, y él compara esta relación que tiene con Israel con la de un matrimonio.[7] *Por lo tanto, lo que pensamos acerca de Israel refleja lo que pensamos acerca de Dios.* Cuando no percibimos a Israel correctamente, perdemos de vista algo importante acerca de cómo es Dios.

De la misma forma, la historia de Israel es también la revelación del conocimiento del hombre. Cuando vemos a Israel, nos estamos viendo al espejo. La rebelión de ellos es nuestra rebelión. Su redención es nuestra redención. La historia de Israel nos da una vislumbre de la humanidad. Somos llamados a ser sacerdotes. Nos rebelamos. Dios nos ha dado promesas. Necesitamos un Salvador. Nos salvaremos a través de un proceso difícil. Israel nos instruye acerca de quiénes somos.

Dios escogió a Israel en base a su deseo por ellos y no en base al desempeño de la nación. Ya que Israel no fue llamado por Dios en base

---

[7] Ver Jeremías 2:2; Ezequiel 16:8; Oseas 2:5-7.

a su desempeño, tampoco es rechazado por Dios en base a su fracaso. Todo esto nos muestra que la historia de Israel es mucho más que la historia de Israel—es una historia que cuenta el evangelio de forma alegórica.

Si Israel ilustra el fracaso del hombre, entonces Israel también debe convertirse en una demostración de la redención del hombre porque cuando Dios llamó a Israel, él llamo a Israel cuando eran un fracaso. Eran «el último de los pueblos», escogidos puramente en base al deseo de Dios y a la habilidad de Dios de salvarlos.

Si la historia de Israel termina con su rebelión, entonces Dios no es lo suficientemente fuerte para redimirlos, y su historia fue decidida por su desempeño en vez de la capacidad de Dios de salvarlos. Es por esto que es muy serio e importante que la historia de Israel no termine en pecado. *En la historia de Israel, es el evangelio lo que está en juego.*

ISRAEL Y LAS NACIONES EN EL ANTIGUO TESTAMENTO

La Gran Comisión y el Antiguo Testamento

La mayoría de creyentes asumen que el Antiguo Testamento trata primordialmente acerca de Israel y que el Nuevo Testamento trata acerca de las naciones. No hay lugar a duda que el Antiguo Testamento se enfoca en la historia de Israel y el Nuevo Testamento enfatiza la oferta generosa de misericordia que Dios le ha hecho a los gentiles y todo lo que esto involucra. Sin embargo, el Antiguo y el Nuevo Testamentos contienen una sola historia en común, unificada con las raíces profundas de la Gran Comisión en ambos Testamentos. Para entender completamente a la Gran Comisión, debemos primero lidiar con las ideas erróneas que tenemos. Una de ellas es que la Gran Comisión es un concepto del Nuevo Testamento. *Sin embargo, lo cierto es que las raíces de la Gran Comisión están en el Antiguo Testamento.*

Las naciones surgieron en el juicio, pero están destinadas a la redención

El libro de Génesis introduce la historia de la obra de Dios en las naciones. Génesis cuenta cómo Dios creó un mundo hermoso con un potencial increíble y cómo la caída del hombre amenazó todo lo que Dios quería para la creación. En los primeros capítulos de Génesis, vemos crisis tras crisis debido a la rebelión del hombre. La aceleración de la maldad en la tierra ocurrió tan rápidamente que Dios encontró necesario el enviar un diluvio cataclísmico para destruir a la mayoría de la humanidad simplemente para desacelerar el crecimiento de la oscuridad en la tierra.

Aun cuando fue traumático, el diluvio no fue suficiente para detener la rebelión del hombre. Poco después del mismo, la gente conspiró de nuevo para rechazar a Dios y su liderazgo. Los hombres se reunieron para construir lo que llamamos *la torre de Babel.* Ellos dijeron:

"Vamos, edifiquémonos una ciudad y una torre cuya cúspide llegue hasta los cielos, y hagámonos un nombre famoso, para que no seamos dispersados sobre la faz de toda la tierra. Y el Señor descendió para ver la ciudad y la torre que habían edificado los hijos de los hombres. Y dijo el Señor: He aquí, son un solo pueblo y todos ellos tienen la misma lengua. Y esto es lo que han comenzado a hacer, y ahora nada de lo que se propongan hacer les será imposible. Vamos, bajemos y allí confundamos su lengua, para que nadie entienda el lenguaje del otro. Así los dispersó el Señor desde allí sobre la faz de toda la tierra, y dejaron de edificar la ciudad. Por eso fue llamada Babel, porque allí confundió el Señor la lengua de toda la tierra; y de allí los dispersó el Señor sobre la faz de toda la tierra. (Génesis 11:4–9)

De acuerdo a Génesis 11:4, una de las razones por las que los hombres se pusieron de acuerdo para construir una torre fue para prevenir la dispersión de humanidad sobre la faz de la tierra. Eso parece ser una rebelión directa contra el mandamiento que Dios dio después del diluvio en Génesis 9:1 de ser fructíferos y llenar la tierra. Dios le mandó al hombre a llenar la tierra porque ya tenía en su corazón lo que leemos en Apocalipsis 5:9 y 7:9,

Y cantaban un cántico nuevo, diciendo: Digno eres de tomar el libro y de abrir sus sellos, porque tú fuiste inmolado, y con tu sangre compraste para Dios a gente de toda tribu, lengua, pueblo y nación. (Apocalipsis 5:9)

Después de esto miré, y vi una gran multitud, que nadie podía contar, de todas las naciones, tribus, pueblos y lenguas, de pie delante del trono y delante del Cordero, vestidos con vestiduras blancas y con palmas en las manos. (7:9)

La construcción de la torre de Babel fue un desafío directo a la soberanía de Dios sobre el hombre y al deseo de Dios de llenar la tierra con naciones y pueblos. Ya que el hombre se rehusó a cumplir el mandato de Dios de llenar la tierra, Él dividió a la humanidad dándoles diferentes lenguajes. Esa división inició la separación de la humanidad en diferentes naciones, culturas, lenguas y pueblos. El hombre se rehusó a obedecer las instrucciones de Dios así que Dios hizo avanzar su propósito para las naciones con este juicio. *Los juicios de Dios son mucho más que castigos. También hacen avanzar sus propósitos redentores.* No son vengativos; son misericordiosos.

Los pueblos de la tierra surgieron de un juicio, pero terminarán en salvación. El juicio de Dios en la torre de Babel resultó en una profunda división entre los pueblos de la tierra, pero el plan redentor de Dios va a resultar en una profunda unidad entre los mismos. El juicio terminará en redención. La división terminará en unidad. *La diversidad que comenzó con un juicio producirá un pueblo unificado en la tierra de acuerdo al diseño original de Dios.*

Si entendemos la naturaleza de Dios y sus juicios, Génesis 11 nos deja entonces con dos ardientes preguntas:

1. ¿Cómo va a redimir Dios a las naciones?
2. ¿Cómo va Dios a resolver esta división de la humanidad para que termine siendo parte gloriosa de su plan de redención?

La elección es la respuesta de Dios ante la crisis

En Génesis 12, Dios empieza su proceso de redimir a las naciones al escoger a Abraham y darle tremendas promesas que le darían forma al resto de la trama redentora. Estas promesas incluyen promesas específicas para los descendientes de Abraham, pero esas promesas no solamente son dadas para el bien de Abraham. *El pacto que Dios hace con Abraham en Génesis 12 no es una promesa para salvar solamente a un pueblo de entre las naciones; es una promesa para salvar a un pueblo por el bien de las naciones.*

> *Y el Señor dijo a Abram: Vete de tu tierra, de entre tus parientes y de la casa de tu padre a la tierra que yo te mostraré. Haré de ti una nación grande, y te bendeciré, y engrandeceré tu nombre, y serás bendición. Bendeciré a los que te bendigan, y al que te maldiga, maldeciré. Y en ti serán benditas todas las familias de la tierra. (Génesis 12:1–3)*

Dios escogió a Abraham y a su familia como parte de su plan para resolver la crisis de la caída y redimir el juicio de Génesis 11. Nos podrá parecer raro que Dios escogiera una persona y a su familia por el bien del mundo, pero esta es la forma de ser de Dios. La Biblia le llama a esto «*elección*». La elección ocurre cuando Dios escoge a un individuo específico, o un pueblo específico, y usa a esa persona o pueblo de forma única para traer bendición a un grupo más amplio de personas.

Para entender el propósito de Dios con respecto a la elección, debemos entender primero dos principios de la misma. El primer principio de elección es: *Dios escoge a gente y naciones de acuerdo a su voluntad soberana.* Su elección no está basada en nuestra habilidad, nuestro potencial ni nuestros logros personales, ya que no hay nada «mejor» en ninguno de nosotros que haga que seamos dignos de ser escogidos por Dios. Ya que Dios no escoge de la misma forma que nosotros escogemos, él frecuentemente escoge a personas que nosotros no escogeríamos. Consecuentemente, su elección de un individuo, o de una nación, con frecuencia causa controversia y división. Jacob, Moisés, David, Pablo, Pedro y muchos otros fueron elecciones inesperadas y sorpresivas de Dios. Israel se rebeló contra Moisés. La familia de David ni siquiera le invitó cuando Samuel vino a ungir a un rey de entre ellos porque nunca imaginaron que David pudiera ser rey.

El segundo principio de elección de Dios es: *Dios escoge a un individuo para el beneficio del resto.* Cuando pensamos acerca de una persona que ha sido escogida con un propósito especial, típicamente pensamos acerca del honor que le da a esa persona el ser escogida, pero la forma en la que Dios escoge es diferente. Bíblicamente, el ser escogido es ultimadamente para el bien de otros, no para el bien de la persona que está siendo escogida. Los sacerdotes de Israel son un ejemplo. Ellos eran ungidos para llevar a cabo cierta función especial que beneficiaría a la nación entera. Dios enfatizó este punto al formar el sacerdocio a partir de una sola familia. Los sacerdotes no eran seleccionados de acuerdo a un proceso para determinar cual era el grupo más talentoso o dotado. Simplemente ellos eran parte de un linaje familiar escogido por Dios para una labor que bendeciría a la nación entera.

Jesús es el máximo ejemplo de la elección de Dios. Dios quiso traer salvación al escoger a un hombre para que a través de ese hombre la bendición alcanzara a muchos. El que Dios escogiera a Jesús fue un hecho inesperado y controversial. Dios no escogió al hombre que nosotros hubiésemos escogido:

Creció delante de El como renuevo tierno, como raíz de tierra seca; no tiene aspecto hermoso ni majestad para que le miremos, ni apariencia para que le deseemos. Fue despreciado y desechado de los hombres, varón de dolores y experimentado en aflicción; y como uno de quien los hombres esconden el rostro, fue despreciado, y no le estimamos. (Isaías 53:2–3)

Dios es el Dios que elige. El es el Dios que escoge. El continúa liderando a la Iglesia de esta forma al ungir a individuos de formas específicas para el bien de todo el Cuerpo. Debemos entender la elección de Dios para que no le resistamos ni nos ofendamos con ella. Dios le dijo a Abraham que bendeciría a aquellos que le bendijeran y que maldeciría a los que lo maldijeran:

Bendeciré a los que te bendigan, y al que te maldiga, maldeciré. (Génesis 12:3)

La elección de Dios es controversial. Algunos están de acuerdo con ella y la bendicen. Otros están en desacuerdo y la maldicen. La declaración que Dios le hizo a Abraham fue una advertencia de la controversia que traería su elección y una instrucción para nosotros, quienes podemos recibir gran bendición cuando estamos de acuerdo con su elección.

Existen ciertos problemas asociados a la elección de Dios. Uno de ellos es que el *elegido* puede asumir que él es más importante que los demás y usar esta elección para su propio beneficio o privilegio. Filipenses 2 aborda este tema al llamarnos a tener la misma actitud que Jesús tuvo cuando usó su privilegio para el beneficio de otros. Si Jesús —el único hombre digno de su llamado—usó su elección por el bien de otros, ¿cuánto más debemos usar nosotros cualquier beneficio que tengamos para bendecir a los demás?

Haya, pues, en vosotros esta actitud que hubo también en Cristo Jesús, el cual, aunque existía en forma de Dios, no consideró el ser igual a Dios como algo a qué aferrarse, sino que se despojó a sí mismo tomando forma de siervo, haciéndose semejante a los hombres. Y hallándose en forma de hombre, se humilló a sí mismo, haciéndose obediente hasta la muerte, y muerte de cruz. (Filipenses 2:5–8)

Otro problema es que la gente puede ofenderse porque interpreta la elección de Dios como una declaración de que Dios valora a esa persona más que al resto. Esto puede llevar a que la gente tenga envidia intensa contra la persona que es escogida o ungida de forma especial por Dios. Esta ofensa usualmente se manifiesta al encontrar falta en aquellos que Dios ha escogido para «probar» que no deberían ser escogidos y, por ende, no son lo suficientemente capaces para terminar la tarea. *Los que Dios escoge para una tarea especial siempre son insuficientes para terminarla, porque no fueron escogidos en base a su propia habilidad.*

Dios escoge de acuerdo a sus propios propósitos. Debemos reconocer que ninguno de nosotros merece trato especial alguno, y que los privilegios que podemos recibir ultimadamente son para el bien de otros. Para poder entender Génesis 12, es clave entender el plan de la elección de Dios.

En Génesis 12, Dios elige a un hombre específico para un propósito redentor único, y esa elección es para el bien de todos. Así que, Génesis 12 es el principio de un plan para no solamente salvar a Israel, sino también salvar a las naciones. Dios deja esto en claro al decirle a Abraham que el plan para salvar a su familia bendeciría a todas las familias de la tierra–«pueblos o grupos étnicos» en lenguaje moderno.

> *Y el Señor dijo a Abram: Vete de tu tierra, de entre tus parientes y de la casa de tu padre a la tierra que yo te mostraré. Haré de ti una nación grande, y te bendeciré, y engrandeceré tu nombre, y serás bendición. Bendeciré a los que te bendigan, y al que te maldiga, maldeciré. Y en ti serán benditas todas las familias de la tierra. (Génesis 12:1–3)*

Dios sigue estando comprometido con su elección

Israel falló en servir a las naciones debido a su propio pecado, su falta de revelación del llamado a servir a las naciones y también debido al odio que las naciones le han tenido. Las naciones fallaron en reconocer el llamado sobre Israel debido a su odio contra Dios, su falta de entendimiento acerca de lo que él estaba haciendo, y debido a su resultante envidia. *Sin embargo, Dios sigue estando comprometido a cumplir con sus propósitos a través de la elección.*

La obediencia de Israel nunca fue la razón de su llamamiento, y por ende, su desobediencia—aunque tiene consecuencias serias—no invalida dicho llamamiento.

> *En cuanto al evangelio, son enemigos por causa de vosotros; pero en cuanto a la elección de Dios, son amados por causa de los padres; porque los dones y el llamamiento de Dios son irrevocables. Pues así como vosotros en otro tiempo fuisteis desobedientes a Dios, pero ahora se os ha mostrado misericordia por razón de la desobediencia de ellos, así también ahora éstos han sido desobedientes, para que por la misericordia mostrada a vosotros, también a ellos ahora les sea mostrada misericordia. Porque Dios ha encerrado a todos en desobediencia para mostrar misericordia a todos. (Romanos 11:28–32)*

Los dones y los llamados—la elección de Dios—son irrevocables. El llama a la gente y naciones con propósitos redentores. Cuando las naciones pecan, esto resulta en implicaciones serias, pero ello no invalida el llamamiento. Esto lo vemos en naciones y en individuos. Para entender totalmente el plan redentor de Dios, debemos reconocer cuan comprometido está Dios a cumplir con sus propósitos a través de la elección.

Tres promesas clave

Cuando Dios hizo un pacto con Abraham, él le dio tres promesas clave:

1. Dios prometió una región o tierra específica para Abraham.

2. Dios le prometió a Abraham que sus descendientes serían una gran nación y harían su nombre grande en la tierra.

3. Dios prometió que lo que le ocurriera a Abraham y a su familia traería gran bendición a todas las familias de la tierra.

Estas tres promesas van unidas. Dios no puede cumplir solamente una de estas promesas; él debe cumplir las tres. A medida que la trama de la redención se despliega, podemos ver cuan conectadas están estas promesas.

Gálatas se refiere a la promesa que Dios le hace a Abraham como una predicción de que las naciones serían incluidas en la familia de Dios. Según Pablo, cuando Dios le hizo promesas a Abraham, él estaba predicándole el evangelio. En cierto sentido, Abraham fue el primero en recibir la esencia de lo que sería la Gran Comisión.

> *Y la Escritura, previendo que Dios justificaría a los gentiles por la fe, anunció de antemano las buenas nuevas a Abraham, diciendo: En ti serán benditas todas las naciones. (Gálatas 3:8)*

Estas promesas hechas a Abraham ultimadamente le fueron hechas a Jesús. Dios escogió a Jesús para que cumpliera las promesas de Abraham porque Jesús era el único que podía lograrlo.

> *Ahora bien, las promesas fueron hechas a Abraham y a su descendencia. No dice: y a las descendencias, como refiriéndose a muchas, sino más bien a una: y a tu descendencia, es decir, Cristo. (Gálatas 3:16)*

Muchos asumen que, como las promesas de Abraham le fueron dadas a Jesús, de alguna manera ellas cambiaron el Nuevo Testamento. Esto es un salto teológico que Pablo nunca dio. Pablo no dice que las promesas a Abraham deben ser re-interpretadas. El dice que Dios está completamente comprometido a cumplir sus promesas a Israel y a las naciones a través de su Hijo, Jesús.

A medida que el Antiguo Testamento se fue desarrollando, seguía creciendo sobre el fundamento de estas promesas. Por ejemplo, cuando Dios llamó a Jacob, le dio exactamente la misma promesa que le había dado a Abraham.

> *Y he aquí, el Señor estaba sobre ella, y dijo: Yo soy el Señor, el Dios de tu padre Abraham y el Dios de Isaac. La tierra en la que estás acostado te la daré a ti y a tu descendencia. También tu descendencia será como el polvo de la tierra, y te extenderás hacia el occidente y hacia el oriente, hacia el norte y hacia el sur; y en ti y en tu simiente serán bendecidas todas las familias de la tierra. (Génesis 28:13–14)*

Estas promesas nunca fueron cumplidas durante la vida de Abraham o Jacob. Ambos vivieron como extranjeros en la tierra. Nunca vieron a sus descendientes convertirse en un pueblo grande y poderoso, ni vieron a los pueblos de la tierra entrar en la bendición. Estas tres promesas clave nunca en la historia se han cumplido, pero Dios las cumplirá antes del fin de este siglo. La Gran Comisión jugará un rol en su cumplimiento.

José—una figura del plan de Dios para Israel y las naciones

La historia de José es una de las profecías más profundas del plan redentor de Dios. La madre de José no pudo concebir hasta que Dios milagrosamente abrió su vientre.[1] José era el favorito de su padre.[2] No solamente era el favorito de su padre sino que también le fueron dados sueños de que él se convertiría en el miembro más prominente de su familia. Sus hermanos, su padre y su madre se inclinarían ante él algún día.[3]

Los problemas de José empezaron cuando su padre le envió a sus hermanos, quienes eran pastores de ovejas.[4] José los encontró, pero ellos le rechazaron y le vendieron como esclavo a los gentiles.[5] Después de haber sido vendido como esclavo, José fielmente sirvió a los gentiles en Egipto, y ultimadamente se le fue otorgado tremendo poder y autoridad como la mano derecha de Faraón. José tenia treinta años cuando compareció ante Faraón y empezó su vida pública en Egipto.[6]

José se casó con una mujer egipcia,[7] y luego él preparó a Egipto para una hambruna de siete años.[8] Durante esa peste, la familia de José fue forzada a ir a Egipto a comprar grano para sobrevivir.[9] Debido a que José había preservado el abastecimiento de comida, él pudo alimentar a su familia. Tristemente, cuando sus hermanos vinieron a Egipto no le reconocieron. Aunque no sabían su verdadera identidad, él continuó proveyendo para ellos hasta el día que les reveló quien era.

---

[1] Ver Génesis 30:22-24.

[2] Ver Génesis 37:4.

[3] Ver Génesis 37:5-11.

[4] Ver Génesis 37:13-17.

[5] Ver Génesis 37:18-28.

[6] Ver Génesis 41:46.

[7] Ver Génesis 41:45.

[8] Ver Génesis 41:33-36.

[9] Ver Génesis 42:1-2.

Cuando eso ocurrió, lloraron intensamente al ser reunidos emocionalmente como familia. Cuando fue restaurado con su familia, José reconoció cómo su rechazo y su trabajo en Egipto fueron parte del plan ordenado por Dios para salvar a Egipto y a la familia de Israel.[10]

La vida de José ilustra cómo Dios usa su plan único de elección para cumplir sus promesas. José fue escogido de entre sus hermanos para tener un honor especial. Sus hermanos respondieron con envidia, pero ya que Dios había escogido a José, la familia entera se salvó. De muchas formas, la vida de José es una profecía de la obra de Jesús en las naciones. Esto se vuelve aparente cuando comparamos la vida de Jesús y la vida de José.

El nacimiento de Jesús fue sobrenatural.[11] María no hubiera podido concebir de no haber sido por un milagro. Jesús era el favorito de su Padre.[12] Jesús nació para ser el Hijo Mayor de Israel, y un día la familia entera de Israel—aun los patriarcas Abraham, Isaac y Jacob—se postrarían ante Él.[13] Jesús fue enviado a las ovejas perdidas de Israel.[14] Jesús seguramente empezó su ministerio público alrededor de los treinta años de edad. Aunque muchos en Israel siguieron a Jesús, las naciones en general le rechazaron y fue vendido por precio.[15]

El rechazo de Israel hacia Jesús resultó en el evangelio siendo llevado a los gentiles.[16] Aunque Jesús nunca ha abandonado al pueblo judío y siempre ha habido un remanente judío salvo, en cierto sentido Jesús se ha convertido en un Siervo entre los gentiles por casi dos mil

---

[10] Ver Génesis 45:5-9.

[11] Ver Lucas 1:26-38.

[12] Ver Mateo 3:17; 17:5; Marcos 1:11; 9:7; Lucas 3:22; 9:35; 2 Pedro 1:17.

[13] Ver Isaías 9:6; Daniel 7:13-14; Lucas 24:52; Juan 5:23; 8:53-58; 9:35-38; Colosenses 1:17; Hebreos 1:6; 3:3; Apocalipsis 1:11, 17; 5:9-14.

[14] Ver Mateo 15:24.

[15] Ver Mateo 23:37; 26:14-16; Juan 1:11; 19:15, 21.

[16] Ver Romanos 11:11.

años. Así como José, Jesús ha tomado una novia gentil de las naciones para unirse a ella.

Así como José trabajó en Egipto y ultimadamente sirvió un propósito para salvar a su familia, así también la obra y labor de Jesús entre las naciones va a servir a su propósito para restaurar a Israel y la relación de Israel consigo mismo. José usó la cosecha de Egipto para hacer provisión para Israel. De la misma forma, la cosecha de Jesús entre los gentiles va a hacer provisión para Israel durante la futura tribulación de siete años. La hambruna que Egipto enfrentó pudo haber sido devastadora, pero en vez de ello, José astutamente usó esta peste para comprar toda la tierra de Egipto para el Faraón. De la misma manera, Jesús va a usar el fin de los tiempos para asumir posesión de todo para luego podérselo entregar a su Padre.[17]

La profecía de Zacarías acerca del día en que los ojos de Israel sean abiertos para ver a Jesús como su Salvador debe ser leída teniendo en cuenta la historia de José y la restauración de su relación con sus hermanos:

Y derramaré sobre la casa de David y sobre los habitantes de Jerusalén, el Espíritu de gracia y de súplica, y me mirarán a mí, a quien han traspasado. Y se lamentarán por Él, como quien se lamenta por un hijo único, y llorarán por Él, como se llora por un primogénito. Aquel día habrá gran lamentación en Jerusalén, como la lamentación de Hadad-rimón en la llanura de Meguido. Y se lamentará la tierra, cada familia por su lado: la familia de la casa de David por su lado, y sus mujeres por su lado; la familia de la casa de Natán por su lado, y sus mujeres por su lado; (Zacarías 12:10–12)

Cuando Oseas predice que Israel buscará el rostro de Dios en su tribulación, ultimadamente se está refiriendo al rostro de Jesús, también está pensando en la historia de José:

Me iré y volveré a mi lugar hasta que reconozcan su culpa y busquen mi rostro; en su angustia me buscarán con diligencia. (Oseas 5:15)

La historia de José es especial, pero no es la única figura del plan que Dios tiene para reunir a Israel y los gentiles. En toda la historia de

---

[17] Ver 1 Corintios 15:24.

Israel, hubo individuos, como Rahab y Rut, quienes aun siendo gentiles se volvieron parte clave de la historia de Israel. Algunos se convirtieron aun en ascendientes directos en el linaje del Mesías. *Estos individuos fueron una declaración profética de que Dios va a unir a los gentiles con el pueblo judío y los convertirá en una sola familia.*

La Gran Comisión y sus fundamentos en el Antiguo Testamento

El pacto de Dios con Abraham se vuelve el marco para la Gran Comisión. En todo el Antiguo Testamento, hay figuras proféticas de la Gran Comisión; personajes como José, Rahab, Rut y otros. Los profetas del Antiguo Testamento también predijeron las intenciones de Dios con respecto a las naciones:

Pero yo mismo he consagrado a mi Rey sobre Sion, mi santo monte. Ciertamente anunciaré el decreto del Señor que me dijo: "Mi Hijo eres tú, yo te he engendrado hoy. "Pídeme, y te daré las naciones como herencia tuya, y como posesión tuya los confines de la tierra. (Salmo 2:6–8)

Todos los términos de la tierra se acordarán y se volverán al Señor, y todas las familias de las naciones adorarán delante de ti. Porque del Señor es el reino, y El gobierna las naciones. (Salmo 22:27–28)

Ellos alzan sus voces, gritan de júbilo; desde el occidente dan voces por la majestad del Señor. Por tanto, glorificad al Señor en el oriente, el nombre del Señor, Dios de Israel, en las costas del mar. Desde los confines de la tierra oímos cánticos: Gloria al Justo. Mas yo digo: ¡Pobre de mí! ¡Pobre de mí! ¡Ay de mí! Los pérfidos obran con perfidia, con mucha perfidia obran los pérfidos. (Isaías 24:14–16)

Cantad al Señor un cántico nuevo, cantad su alabanza desde los confines de la tierra, los que descendéis al mar y cuanto hay en él, las islas y sus moradores. Levanten la voz el desierto y sus ciudades, las aldeas donde habita Cedar. Canten de júbilo los habitantes de Sela, desde las cimas de los montes griten de alegría. Den gloria al Señor, y proclamen en las costas su alabanza. (Isaías 42:10–12)

Y ahora dice el Señor (el que me formó desde el seno materno para ser su siervo, para hacer que Jacob vuelva a El y que Israel se reúna con El, porque honrado soy a los ojos del Señor y mi Dios ha sido mi fortaleza), dice El: Poca cosa es que tú seas mi siervo, para levantar las tribus de Jacob y para restaurar a los que quedaron de Israel; también te haré luz de las naciones, para que mi salvación alcance hasta los confines de la tierra. (Isaías 49:5–6)

Canta de júbilo y alégrate, oh hija de Sion; porque he aquí, vengo, y habitaré en medio de ti —declara el Señor. Y se unirán muchas naciones al Señor aquel día, y serán mi pueblo. Entonces habitaré en medio de ti, y sabrás que el Señor de los ejércitos me ha enviado a ti. (Zacarías 2:10–11)

Y sucederá que todo sobreviviente de todas las naciones que fueron contra Jerusalén subirán de año en año para adorar al Rey, Señor de los ejércitos, y para celebrar la fiesta de los Tabernáculos. (Zacarías 14:16)

Porque desde la salida del sol hasta su puesta, mi nombre será grande entre las naciones, y en todo lugar se ofrecerá incienso a mi nombre, y ofrenda pura de cereal; pues grande será mi nombre entre las naciones —dice el Señor de los ejércitos. (Malaquías 1:11)

El Antiguo Testamento cuenta la historia de Israel, pero trata más que la historia de Israel. También es la historia del plan de Dios para salvar las naciones a través de su plan con Israel. El eligió a Israel con un propósito específico, razón por la cual aunque el Antiguo Testamento cuenta la historia de Israel predominantemente, las naciones son al final la razón por la cual esta elección existe. Cuando vemos el Antiguo Testamento a través de estos lentes, lo vemos consistentemente apuntando hacia la historia de Dios con Israel y cómo él traerá salvación a las naciones. Desde el principio, Dios deseó a las naciones y quiso una herencia en todas las tribus y lenguas.

Ya que Dios obra a través del plan de elección, él escoge a una nación por el bien de otras naciones. Cuando no entendemos la elección apropiadamente, vemos entonces al Antiguo Testamento como la historia de Israel y al Nuevo Testamento como la historia de las naciones. En realidad, el Antiguo Testamento es la historia de Israel y también de las naciones. La elección de Israel puso en marcha la Gran Comisión. Sin embargo, hay mucho más en esta historia, y la Gran Comisión va concluir con las naciones honrando la elección de Israel al tiernamente llamar a esa nación de regreso a su Dios.

EL NUEVO TESTAMENTO, ISRAEL, Y LAS NACIONES

¿Es el Nuevo Testamento el fin de la historia de Israel?

La idea de que la Gran Comisión es una noción exclusiva del Nuevo Testamento es una suposición errónea que debe ser corregida. Hay otra suposición equivocada que debemos abordar: que el énfasis que el Nuevo Testamento pone en las naciones descarta cualquier propósito redentor especial para Israel. La Gran Comisión le manda a la Iglesia a discipular a las naciones, pero para obedecer completamente debemos recordar que el mandamiento está dado en el contexto de una historia redentora. Esta historia une la salvación de Israel a la salvación de las naciones.

Hemos sido comisionados a llevar a las naciones a la obediencia a la enseñanza completa de Jesús, así que debemos examinar lo que Jesús dijo acerca de Israel y las naciones. Si leemos la Gran Comisión en Mateo 28 fuera de contexto, nos podrá parecer como si la Gran Comisión se enfocara solamente en las naciones. Sin embargo, si vemos cuidadosamente algunos pasajes del Nuevo Testamento, podremos reconocer que la historia de Israel continúa en el mismo.

Mateo 21

Mateo capítulos 21 al 24 cuenta la historia de cómo Jesús entra a Jerusalén como Rey; describe el rechazo de los líderes religiosos, la confusión de los discípulos y el compromiso de Jesús de cumplir todo lo que los profetas predijeron. A lo largo de todos estos capítulos Jesús enfatizó su compromiso con Israel y las naciones. En Mateo 21, Jesús reprendió a los líderes religiosos y les recordó que el templo debería ser conocido como un lugar de oración:

Y les dijo: Escrito está: "Mi casa será llamada casa de oración", pero vosotros la estáis haciendo cueva de ladrones. (Mateo 21:13)

Para entender bien la reprensión de Jesús, debemos ver que la cita es de Isaías 56:7:

«Yo los traeré a mi santo monte, y los alegraré en mi casa de oración. Sus holocaustos y sus sacrificios serán aceptos sobre mi altar; porque mi casa será llamada casa de oración para todos los pueblos».

Isaías profetizó que el templo debía convertirse en una casa de oración para todas las naciones. Cuando Jesús limpió el templo y reprendió a la gente, él abordó dos temas:

1. Israel debe cumplir con su llamado. La nación está llamada a demostrar adoración pura y ser conocida como un lugar de oración.

2. El llamado de Israel es ultimadamente el ser un lugar de oración para todas las naciones. Jesús estaba recordándole a Israel su llamado a las naciones y la intención de Dios de invitar a las naciones a venir a su casa.

Mateo 23

Mateo registró algunas de las reprensiones más severas de Jesús en el capítulo 23, pero terminó el capítulo con las palabras tiernas de Jesús para esta ciudad:

¡Jerusalén, Jerusalén, la que mata a los profetas y apedrea a los que son enviados a ella! ¡Cuántas veces quise juntar a tus hijos, como la gallina junta sus pollitos debajo de sus alas, y no quisiste! (v. 37)

Mateo 23:37 es una vislumbre increíble al corazón de Jesús y lo que sentía por Jerusalén. Él describió a Jerusalén como la ciudad que mata a los profetas, pero en vez de seguir esa declaración con un juicio, describió su deseo profundo de proteger, preservar y cuidar la ciudad. A pesar de la rebelión de Jerusalén, el deseo principal de Jesús era el reunir, proteger, preservar y cuidar a la ciudad. Ya que el Padre le dará a Jesús todo lo que él desee,[1] este verso nos hace entender que llegará el

---

[1] Ver Salmos 2:8.

día en que Jerusalén estará bajo el liderazgo de Jesús y él podrá reunir, nutrir, proteger y restaurar la ciudad como lo ha deseado.

En Mateo 23:39, Jesús hizo otro comentario impresionante:

Porque os digo que desde ahora en adelante no me veréis más hasta que digáis: «Bendito el que viene en el nombre del Señor».

Cuando Jesús les dijo a los líderes religiosos de Jerusalén que no le verían de nuevo, se estaba refiriendo a algo específico. Jesús no estaba diciendo que no le verían una vez más, ya que Él sería crucificado públicamente días después de esto y todos le verían. Esta declaración es una referencia a la entrada triunfal de Jesús a la ciudad en Mateo 21. Jesús entró a la ciudad de Jerusalén de la forma exacta en que Zacarías profetizó que el Rey mesiánico lo haría,[2] pero aún después de esto, él fue rechazado por los líderes de Jerusalén. Lo que Jesús estaba diciendo era que ellos no le verían entrar de nuevo a la ciudad como Rey hasta que fuera recibido y se le diera la bienvenida como el Rey escogido por Dios.

Jesús se rehusó a ser Rey sobre el pueblo judío hasta que ellos estuvieran dispuestos a amarlo y a recibirlo, y él predijo que vendría el día en que el liderazgo de Israel le aceptaría como su Rey. Esto significa que llegará el día cuando Israel será salvo, amará a Jesús completamente y le invitará a gobernar sobre ellos. *Jesús hizo que tanto su segunda venida como su gobierno como Rey desde Jerusalén dependieran de la salvación de Israel.* Por lo tanto, un entendimiento sólido y robusto acerca de la Gran Comisión debe incluir el hecho de que Jesús no regresará hasta que Israel sea salvo.

Mateo 24

Mateo 24 al 25 nos muestra la respuesta que Jesús le da los discípulos confundidos por los eventos que ocurrieron en mateo 21 al 23.[3] Dado que los discípulos eran judíos, su preocupación principal se enfocaba en deducir cómo Jesús traería salvación y restauración a Israel. Jesús sabía que deseaban profundamente la salvación de Israel y él les dio una

---

2 Ver Zacarías 9:9.

3 Ver Mateo 24:3.

profecía impresionante que revela muchísimo acerca de la perspectiva que él tenía con respecto a la Gran Comisión:

Y este evangelio del reino se predicará en todo el mundo como testimonio a todas las naciones, y entonces vendrá el fin. (Mateo 24:14)

El «fin» al que Jesús se refería es la secuencia final de eventos que culminan en la salvación de Israel y el comienzo del reino mesiánico. En Mateo 23:39, Jesús les dijo a los líderes de Jerusalén que él no gobernaría hasta que ellos le recibieran. Sin embargo, en Mateo 24:14 Jesús les dijo a sus discípulos que él no reinaría hasta que todas las naciones recibieran un testimonio del evangelio. *Jesús no regresará a gobernar hasta que Israel y las naciones alcancen la salvación. Este es el compromiso más fuerte que él pudo haber hecho para salvar a Israel y a un remanente en las naciones.*

Al continuar Jesús, otra vez él afirmó su compromiso con la salvación de Israel de la siguiente forma:

Entonces aparecerá en el cielo la señal del Hijo del Hombre; y entonces todas las tribus de la tierra harán duelo, y verán al Hijo del Hombre que viene sobre las nubes del cielo con poder y gran gloria. (Mateo 24:30)

Debido a la frase *«las tribus de la tierra»*, Mateo 24:30 ha sido interpretado como el duelo de las naciones frente a los juicios de Jesús. Es verdad que los impíos en las naciones se lamentarán cuando Jesús regrese, pero esto no a lo que ese verso se está refiriendo. De hecho, está citando a Zacarías 12:

Y derramaré sobre la casa de David y sobre los habitantes de Jerusalén, el Espíritu de gracia y de súplica, y me mirarán a mí, a quien han traspasado. Y se lamentarán por El, como quien se lamenta por un hijo único, y llorarán por El, como se llora por un primogénito. Aquel día habrá gran lamentación en Jerusalén, como la lamentación de Hadad-rimón en la llanura de Meguido. Y se lamentará la tierra, cada familia por su lado: la familia de la casa de David por su lado, y sus mujeres por su lado; la familia de la casa de Natán por su lado, y sus mujeres por su lado; (vv. 12:10–12)

Zacarías describió un momento dramático en el futuro de Israel. Es el día en que Israel verá a Jesús de nuevo, pero esta vez, le verá como aquel que fue traspasado por ellos, y para ellos. El lamento al que Jesús se refiere es el lamento de arrepentimiento en las tribus de Israel.[4] En Mateo 24, el arrepentimiento de Israel es el primer evento que Jesús describió como resultado de su segunda venida. Esto nos da a entender lo importante que ese momento es para él. *Su regreso logrará lo que ningún otro evento ha logrado—salvar a Israel.*

Lo que Jesús les responde a sus discípulos en Mateo 24 y 25, enfatiza la salvación de Israel y la salvación de las naciones. Jesús ata estos temas en un solo cordón en su mensaje porque él ve a ambos como componentes críticos de lo que ahora llamamos la Gran Comisión.

Hechos 1

Mateo 24 no es el único pasaje en donde Jesús conecta la salvación de las naciones con la salvación de Israel. En Hechos 1, Lucas registra una conversación entre Jesús y los discípulos justo antes de la ascensión de Jesús. Jesús había enseñado acerca del reino de Dios durante cuarenta días, y los discípulos le hicieron una pregunta cuando terminó de enseñar:

> *Entonces los que estaban reunidos, le preguntaban, diciendo: Señor, ¿restaurarás en este tiempo el reino a Israel? Y Él les dijo: No os corresponde a vosotros saber los tiempos ni las épocas que el Padre ha fijado con su propia autoridad; pero recibiréis poder cuando el Espíritu Santo venga sobre vosotros; y me seréis testigos en Jerusalén, en toda Judea y Samaria, y hasta los confines de la tierra. (Hechos 1:6–8)*

Después de cuarenta días de estar recibiendo enseñanza, los discípulos le preguntan: «¿restaurarás en este tiempo el reino a Israel?». Esta es una pregunta muy reveladora. La pregunta demuestra que Jesús provocó en los discípulos la expectativa de que Él sería la esperanza del Antiguo Testamento en persona—el cumplimiento de las promesas dadas a Israel en la forma de un reino. El hecho de que los discípulos le

---

4 La palabra *tierra* en Mateo 24 es una palabra que se puede referir al mundo entero o a una región específica. Mateo 24:30 no se está refiriendo a una tristeza en las tribus de la tierra en general. Se está refiriendo a un tiempo específico de arrepentimiento entre las tribus de la región—las tribus o las familias de Israel.

hayan preguntado a Jesús si él «restauraría» el reino a Israel significa que la salvación a la que se estaban refiriendo estaba conectada al Israel histórico. No estaban preguntándole acerca del «nuevo Israel».

Debemos notar que Jesús no hizo a un lado sus expectativas de un futuro glorioso para Israel, y tampoco les corrigió el entendimiento que tenían de lo que les había ya enseñado. Como jóvenes judíos, el tema del futuro de Israel les ardía en el corazón a los discípulos, así que, si Jesús hubiese querido redefinir su expectativa acerca del futuro de Israel, él lo habría hecho muy fácilmente durante esos cuarenta días. A Jesús nunca le costó reprender creencias desalineadas al plan de Dios. Sin embargo, Jesús no les reprende. En vez de ello, deja a los oyentes judíos con la continuada esperanza de que salvaría a Israel y cumpliría lo que los profetas habían predicho con respecto al futuro de Israel.

Muchos teólogos argumentan que la primera venida de Jesús fue el cumplimiento de todas las promesas dadas a Israel, y que el reino de Dios toma una dirección radicalmente diferente después de la encarnación—una dirección que ya no incluye un reino restaurado para Israel. Sin embargo, Jesús afirma el futuro de Israel y deja a los discípulos esperando un reino futuro en Israel. *Si Jesús hubiera cumplido con la historia de Israel en su sufrimiento, muerte y resurrección, no habría hablado de la restauración de Israel en términos futuros.*

Jesús no regañó a los discípulos por estar esperando un Israel restaurado, simplemente les dio claves importantes:

Él abordó su expectativa acerca del tiempo oportuno en que esto se cumpliría. El glorioso reino no vendría a Israel inmediatamente. Tendría que pasar mucho tiempo todavía.

Él les instruyó a llevar el evangelio a Jerusalén, Judea, Samaria y hasta los confines de la tierra. El conectó la restauración de Israel con la misión de llevar el evangelio a los gentiles.

Los discípulos anhelaron la restauración de Israel, así que Jesús les dio a las naciones una instrucción, de nuevo, revelando lo profundamente conectados que están Israel y las naciones. Si los discípulos querían ver la salvación de Israel, tendrían que ir a las naciones. Israel no puede ser salva sin que las naciones reciban el evangelio y el resultado de que las naciones recibieran el evangelio será la salvación de Israel. En Hechos 1, Jesús hace la mismo que hizo en Mateo 24. Conecta la salvación de Israel con el testimonio que debe ser dado a los gentiles. Jesús está diciendo simplemente: *la historia de Israel todavía cuenta, pero llegará a su clímax en el contexto de la Gran Comisión.*

Hechos 2

Jesús comisiona a los discípulos a ir a las naciones pero les dice que esperen el derramamiento del Espíritu Santo.[5] Hechos 2 es un capítulo crucial en el Nuevo Testamento porque sirve de escenario para todo lo que sigue. El evento en Hechos 2 inicia una explosión que, hasta el día de hoy, continúa ocurriendo.

Hechos 1 es el precedente para Hechos 2. En Hechos 1, Jesús conecta la restauración de Israel con la misión de llevar el evangelio a los gentiles. También da la instrucción de esperar por el derramamiento del Espíritu Santo para entonces poder llevar el evangelio a los gentiles. *El libro de Hechos nos cuenta la historia del derramamiento del Espíritu, el cual habilitó la misión evangelista entre los gentiles para que la restauración de Israel pudiera entonces darse.*

Cuando llegó el día de Pentecostés, estaban todos juntos en un mismo lugar. De repente vino del cielo un ruido como el de una ráfaga de viento impetuoso que llenó toda la casa donde estaban sentados, y se les aparecieron lenguas como de fuego que, repartiéndose, se posaron sobre cada uno de ellos. Todos fueron llenos del Espíritu Santo y comenzaron a hablar en otras lenguas, según el Espíritu les daba habilidad para expresarse. (Hechos 2:1–4)

Aunque muchos consideran a Hechos 2 como el «nacimiento de la Iglesia», este pasaje nos da mucho más. La forma en que Dios derramó su Espíritu reveló su compromiso vigente con Israel y su plan de incluir a las naciones en la historia de Israel. El derramamiento del Espíritu Santo es una promesa que le había sido dada a Israel:

…hasta que se derrame sobre nosotros el Espíritu desde lo alto, el desierto se convierta en campo fértil y el campo fértil sea considerado como bosque. (Isaías 32:15)

Porque derramaré agua sobre la tierra sedienta, y torrentes sobre la tierra seca; derramaré mi Espíritu sobre tu posteridad, y mi bendición sobre tus descendientes. (Isaías 44:3)

---

[5] Ver Hechos 1:8.

Y sucederá que después de esto, derramaré mi Espíritu sobre toda carne; y vuestros hijos y vuestras hijas profetizarán, vuestros ancianos soñarán sueños, vuestros jóvenes verán visiones. Y aun sobre los siervos y las siervas derramaré mi Espíritu en esos días. (Joel 2:28–29)

Además, os daré un corazón nuevo y pondré un espíritu nuevo dentro de vosotros; quitaré de vuestra carne el corazón de piedra y os daré un corazón de carne. Pondré dentro de vosotros mi espíritu y haré que andéis en mis estatutos, y que cumpláis cuidadosamente mis ordenanzas. (Ezequiel 36:26–27)

Y las naciones sabrán que yo, el Señor, santifico a Israel, cuando mi santuario esté en medio de ellos para siempre. (Ezequiel 37:28)

No les ocultaré más mi rostro, porque habré derramado mi Espíritu sobre la casa de Israel —declara el Señor Dios. (Ezequiel 39:29)

El derramamiento del Espíritu fue parte de la herencia de Israel. La promesa que Jesús hizo a los discípulos de derramar su Espíritu fue entonces, un compromiso de entregarle a Israel su herencia.[6] También fue una declaración de su identidad exaltada. Cuando Jesús derramó su Espíritu, Él realizó algo que solamente Dios podía hacer, y les dio a los apóstoles la confianza de que Él era quien decía ser aunque hubiese ascendido al cielo sin haber salvado a Israel o juzgado a las naciones. Fue una de las razones por las que los apóstoles predicaron a los judíos con tanta convicción. Si Jesús pudo derramar al Espíritu, entonces Él también podría hacer todo lo que los profetas predijeron que haría.

Fue muy sorprendente cuando Dios empezó a derramar su Espíritu sobre los gentiles porque la promesa del Espíritu Santo era herencia de Israel:

Mientras Pedro aún hablaba estas palabras, el Espíritu Santo cayó sobre todos los que escuchaban el mensaje. Y todos los creyentes que eran de la circuncisión, que habían venido con Pedro, se quedaron asombrados, porque el don del Espíritu Santo había sido derramado también sobre los gentiles, pues les oían hablar en lenguas y exaltar a Dios. Entonces Pedro dijo: ¿Puede acaso alguien negar el agua para que sean bautizados éstos

---

6 Ver Juan 7:39; 14:16, 26; 15:26; 16:7, 13.

que han recibido el Espíritu Santo lo mismo que nosotros? (Hechos 10:44–47)

El Espíritu cayó sobre los gentiles presentes mientras Pedro estaba hablando, y esto sucedió para enfatizar el que los gentiles eran ahora participantes de la herencia de Israel en el Espíritu, solamente por fe en Jesucristo. No era necesario adoptar una identidad judía para recibir el don del Espíritu Santo. El Espíritu bautizaba a los gentiles como gentiles antes de que Pedro o alguno de sus acompañantes pudiera darles a los gentiles algún tipo de instrucción.

Todos los apóstoles estuvieron de acuerdo en que, si Dios estaba dispuesto a darle el Espíritu a los gentiles, entonces eso era suficiente para indicar que Dios había aceptado a gentiles en su familia. Esto demostraba lo importante que era el don del Espíritu para los apóstoles judíos:

Y después de mucho debate, Pedro se levantó y les dijo: Hermanos, vosotros sabéis que en los primeros días Dios escogió de entre vosotros que por mi boca los gentiles oyeran la palabra del evangelio y creyeran. Y Dios, que conoce el corazón, les dio testimonio dándoles el Espíritu Santo, así como también nos lo dio a nosotros; y ninguna distinción hizo entre nosotros y ellos, purificando por la fe sus corazones. (Hechos 15:7–9)

Ya que la promesa del Espíritu Santo era tan importante para Israel, la forma en que Dios derramó su Espíritu nos muestra proféticamente el plan de Dios para salvar a Israel y cumplirle las promesas que le había hecho. Tanto el «dónde», como el «cómo» Dios derramó su Espíritu son importantes. El hecho de que Dios derramó el Espíritu en Jerusalén nos enseña cuan comprometido está con la ciudad. Jerusalén es donde empieza nuestra historia y es donde también culminará. *Dios bautizó a un remanente en Jerusalén, y esto es sombra de un bautismo futuro del Espíritu que vendrá sobre toda la nación cuando el Señor salve a Israel.*[7] La liberación de Israel en los tiempos del fin y el bautismo del Espíritu, eventos que ocurrirán al mismo tiempo, se darán lugar en Jerusalén y Hechos 2 es una imagen profética de ese día.

---

[7] Ver Joel 2:28–29; Zacarías 12:10–12.

Lucas repetidamente registra que el Espíritu cayó sobre todos los creyentes que estaban reunidos.[8] Este derramamiento no fue solamente para un líder o un profeta. Hechos 2 ocurrió para dejarnos una imagen profética de la promesa de Jeremías 31 de que vendría el día en que todo individuo en Israel conocería a Dios a través del Espíritu:

> ...porque este es el pacto que haré con la casa de Israel después de aquellos días —declara el Señor—. Pondré mi ley dentro de ellos, y sobre sus corazones la escribiré; y yo seré su Dios y ellos serán mi pueblo. Y no tendrán que enseñar más cada uno a su prójimo y cada cual a su hermano, diciendo: "Conoce al Señor", porque todos me conocerán, desde el más pequeño de ellos hasta el más grande —declara el Señor— pues perdonaré su maldad, y no recordaré más su pecado. (Jeremías 31:33–34)

Antes de Hechos 2, los derramamientos del Espíritu tendían a ser individuales, para equipar en liderazgo o para equipar para una tarea ministerial. Sin embargo, todo eso cambió en el día de Pentecostés. Dios empezó el proceso de cumplir su promesa de derramar el Espíritu sobre todo individuo en Israel al derramar su Espíritu sobre cada individuo que fuera miembro del Cuerpo de Cristo. Por lo tanto, el apóstol Juan usó el lenguaje de Jeremías 31:34 y 1 Juan 2:27 para conectar el derramamiento Neo testamentario del Espíritu con el cumplimiento de la promesa de Jeremías 31:

> Y en cuanto a vosotros, la unción que recibisteis de El permanece en vosotros, y no tenéis necesidad de que nadie os enseñe; pero así como su unción os enseña acerca de todas las cosas, y es verdadera y no mentira, y así como os ha enseñado, permanecéis en El. (1 Jn. 2:27)

También se refirieron al día de Pentecostés como a la *Fiesta de la Cosecha* porque dicha celebración celebraba el tiempo de cosecha en Israel. Justo cuando Israel empezaba a cosechar el grano y la cebada en la temporada de Pentecostés, el día de Pentecostés volvió a cumplir el comienzo de la cosecha, pero ahora de Dios, en Israel y en las naciones.

De acuerdo a la tradición, el Pentecostés fue el momento en que Dios le habló a Israel en el desierto y les dio la ley en el monte Sinaí. El

---

[8] Ver Hechos 2:1, 3, 4.

derramamiento del Espíritu fue un momento que podemos calificar como un «nuevo Sinaí». Fue marcado con viento y fuego justo como cuando ocurrió la primera vez en el Sinaí. En ese entonces, la gente no pudo acercarse al fuego en la montaña, pero en el Pentecostés el fuego descansó sobre cada uno de ellos. De nuevo, esto es una figura del día en que Israel será salvo.

Hechos 2 es también una figura profética del compromiso de Dios con el pueblo judío y el rol de los gentiles en la salvación de Israel. Es importante notar que el primer resultado del derramamiento del Espíritu fue el darles a los judíos un testimonio del evangelio:

> *Y había judíos que moraban en Jerusalén, hombres piadosos, procedentes de todas las naciones bajo el cielo. Y al ocurrir este estruendo, la multitud se juntó; y estaban desconcertados porque cada uno los oía hablar en su propia lengua. Y estaban asombrados y se maravillaban, diciendo: Mirad, ¿no son galileos todos estos que están hablando? ¿Cómo es que cada uno de nosotros los oímos hablar en nuestra lengua en la que hemos nacido?* (Hechos 2:5–8)

A Israel se le predicó el evangelio de primero. Esta es la prioridad del evangelio de la que Pablo habló:

> *Porque no me avergüenzo del evangelio, pues es el poder de Dios para la salvación de todo el que cree; del judío primeramente y también del griego.* (Romanos 1:16)

En Hechos 2, Dios enfatizó que el evangelio era para el judío primeramente. Si el derramamiento del Espíritu era para que las promesas de Israel se transfirieran a las naciones, entonces el primer resultado del derramamiento debería haber sido la predicación a las naciones. En vez de ello, los judíos fueron los primeros creyentes bautizados en el Espíritu, y los judíos fueron también los primeros en escuchar el evangelio antes de que el derramamiento del Espíritu se extendiera a las naciones. *Dios quiere que mantengamos esta misma prioridad como parte de nuestras estrategias misioneras.*

No solamente fue lo anterior una declaración de la prioridad que son los judíos, sino que también es una revelación del propósito clave del derramamiento del Espíritu. El derramamiento del Espíritu no sólo es la herencia de Israel; también es la manera en la que Israel recibe la herencia. Uno de los propósitos del derramamiento del Espíritu es el habilitar a la Iglesia gentil para que pueda dar testimonio a un Israel incrédulo. Lucas nos dice que el primer testimonio en el día de Pentecostés fue dado a los judíos de «toda nación debajo del cielo», quienes escucharon el evangelio «en sus propias lenguas».

Hay numerosos elementos clave en este momento. El primero es la misericordia de Dios en el juicio de Israel. El exilio fue el juicio de Dios sobre Israel y el hecho de que los judíos todavía viven en las naciones de la tierra sigue siendo un recordatorio visible del juicio sobre ellos. Hechos 2 demuestra el deseo generoso de Dios de redimir a Israel aún cuando sigue sufriendo los efectos de sus juicios. Los judíos que escucharon a los primeros creyentes hablando en lenguas (o «lenguajes») describieron estos lenguajes gentiles como sus lenguas nativas.[9] *El juicio de Dios puede verse en el hecho de que los judíos se refieren a los lenguajes gentiles como a sus propias lenguas nativas, ya que los lenguajes gentiles deberían ser extraños para el pueblo judío.*

Hechos 2 es una figura profética del pueblo judío escuchando el evangelio durante el exilio y el juicio. Esto nos habla profundamente del compromiso que Dios tiene de buscar al pueblo judío. Cuando Pedro se puso de pie y declaró que la promesa del Espíritu era para «todo el que está lejos», era una referencia al pueblo judío en la diáspora. Pedro pudo percibir que la promesa de Dios hecha a Israel estaba vigente aun cuando Israel estaba esparcido en las naciones. Pedro pudo entender que el derramamiento de Hechos 2 era una increíble noticia para el pueblo judío.

> *Y Pedro les dijo: Arrepentíos y sed bautizados cada uno de vosotros en el nombre de Jesucristo para perdón de vuestros pecados, y recibiréis el don del Espíritu Santo. Porque la promesa es para vosotros y para vuestros hijos y para todos los que están lejos, para tantos como el Señor nuestro Dios llame. (Hechos 2:38–39)*

Lucas apuntó que los judíos escucharían el evangelio llegando a sus oídos «de todas las naciones de la tierra», lo cual es otra confirmación de la intención que Dios tiene de perseguir y buscar al pueblo judío en

---

[9] Ver Hechos 2:8.

toda nación de la tierra. En medio de un exilio global, Dios no se ha olvidado de ellos. El les hablará tiernamente en donde se encuentren.[10]

El segundo elemento importante es que Israel debe recibir el evangelio de parte de los gentiles. En Hechos 2, los peregrinos judíos en Jerusalén escucharon el evangelio en lenguajes gentiles porque Dios tenía un plan divino de provocar a los judíos a través de un testimonio dado por creyentes gentiles. *Hechos 2 es una figura profética de gentiles llenos del Espíritu predicándole de vuelta el evangelio a Israel.* El apóstol Pablo desarrolla esta idea cuando conecta la expansión del evangelio entre los gentiles a la historia de Israel al predecir que los gentiles provocarían (o inspirarían «celos» a Israel) para que regresara a su Dios.

> *Digo entonces: ¿Acaso tropezaron para caer? ¡De ningún modo! Pero por su transgresión ha venido la salvación a los gentiles, para causarles celos. …. Pero a vosotros hablo, gentiles. Entonces, puesto que yo soy apóstol de los gentiles, honro mi ministerio, si en alguna manera puedo causar celos a mis compatriotas y salvar a algunos de ellos. (Romanos 11:11, 13–14)*

La expansión del evangelio a las naciones producirá un testimonio del evangelio que llegará a los judíos. El derramamiento del Espíritu pondrá todo esto en marcha.

> *Porque no quiero, hermanos, que ignoréis este misterio, para que no seáis sabios en vuestra propia opinión: que a Israel le ha acontecido un endurecimiento parcial hasta que haya entrado la plenitud de los gentiles; y así, todo Israel será salvo; como está escrito: EL LIBERTADOR VENDRÁ DE SIÓN; APARTARÁ LA IMPIEDAD DE JACOB. (Romanos 11:25–26)*

El tercer tema es el plan de Dios para unir a Israel y las naciones y hacerlas un solo pueblo. En Efesios, Pablo describe la intención de Dios de hacer «un nuevo hombre» de los dos pueblos.[11] El evangelio acabará con las barreras de separación que han mantenido a los judíos y gentiles separados durante generaciones. Hechos 2 provee una figura del plan de Dios para resolver la crisis de la torre de Babel. Por lo tanto,

---

[10] Ver Oseas 2:14.

[11] Ver Efesios 2:15.

las naciones que Lucas menciona en Hechos 2:8–11 seguramente son una lista renovada de la lista de naciones de Génesis 10.

En la torre de Babel, Dios separó a los pueblos de la tierra a través de lenguajes. En Hechos 2, a través del derramamiento del Espíritu, los lenguajes ahora están siendo usadas de forma redentora para llamar a las naciones a regresar a Dios. Los pueblos de la tierra, profundamente divididos, están siendo llevados a convertirse en un solo pueblo. El juicio de Babel ha sido redimido. Dios ha revelado su plan para resolver la crisis que empezó en Génesis 11. *El lenguaje y la cultura ya no son una barrera. A través del Espíritu Santo, ahora son posibles la unidad y la restauración.*

Cuando Pedro se puso de pie para explicar el fenómeno de Pentecostés, el abordó a los «hombres de Judea y aquellos que viven en Jerusalén»[12] y a los «hombres de Israel».[13] Esto determinó el tono de su sermón. Pedro dirigió su mensaje a Israel, y, por ende, su sermón interpretó los eventos del Pentecostés a la luz de las promesas dadas a Israel y a la luz del futuro de Israel. En su sermón, Pedro citó la profecía de Joel porque reconoció la conexión entre Hechos 2 y la profecía de que Dios derramaría su Espíritu sobre Israel[14]:

> *Y sucederá que después de esto, derramaré mi Espíritu sobre toda carne; y vuestros hijos y vuestras hijas profetizarán, vuestros ancianos soñarán sueños, vuestros jóvenes verán visiones. Y aun sobre los siervos y las siervas derramaré mi Espíritu en esos días. (Joel 2:28–29)*

Joel 2 predice mucho más de lo que ocurrió en Hechos 2, sin embargo Hechos 2 es el principio del cumplimiento de la profecía de Joel. Es el marco para el cumplimiento de Joel 2. Es una garantía del derramamiento mayor que Joel profetizó que vendría.

En el Israel antiguo habían «lluvias tempranas» y «lluvias tardías». Las lluvias tempranas empezaban la temporada de crecimiento y daban paso a las lluvias tardías, las cuales traían la gran cosecha. Pedro entendió la conexión entre Joel 2 y Hechos de acuerdo al ciclo de

---

[12] Ver Hechos 2:14.

[13] Ver Hechos 2:22.

[14] Ver Hechos 2:16–21.

cosecha de Israel. Hechos 2 fue una lluvia temprana—el principio del crecimiento y de la temporada de siega—que prepararía al mundo para Joel 2—la gran cosecha. De acuerdo a Joel, un componente crucial de la gran cosecha es la salvación de Israel.

Esta es la base para la declaración que Pedro hace en Hechos 2:21. Aunque es verdad que el evangelio ahora está libremente disponible y todos en las naciones que confiesen el nombre del Señor serán salvos, Pedro tenía en mente el día en que todos en Israel clamarían al Señor para salvación:

Y sucederá que todo aquel que invoque el nombre del Señor será salvo. (Hechos 2:21)

La declaración de Pedro en Hechos 2:21 es una cita directa de Joel 2:32:

Y sucederá que todo aquel que invoque el nombre del Señor será salvo; porque en el monte Sion y en Jerusalén habrá salvación, como ha dicho el Señor, y entre los sobrevivientes estarán los que el Señor llame.

Joel 2:32 es una referencia directa de la profecía de Zacarías 12:10–12:

Y derramaré sobre la casa de David y sobre los habitantes de Jerusalén, el Espíritu de gracia y de súplica, y me mirarán a mí, a quien han traspasado. Y se lamentarán por Él, como quien se lamenta por un hijo único, y llorarán por Él, como se llora por un primogénito. Aquel día habrá gran lamentación en Jerusalén, como la lamentación de Hadad-rimón en la llanura de Meguido. Y se lamentará la tierra, cada familia por su lado: la familia de la casa de David por su lado, y sus mujeres por su lado; la familia de la casa de Natán por su lado, y sus mujeres por su lado…

La fecha en que la profecía de Joel fue dada no se conoce, así que es imposible decir con exactitud que Joel está haciendo referencia a la profecía de Zacarías o que Zacarías está elaborando un poco más sobre la profecía de Joel. De cualquier forma, los que escuchaban a Pedro debían haber entendido su referencia de Joel 2:32 y saber que también era una referencia a la profecía de la salvación de Israel en Zacarías 12: 10-12. El punto que Pedro enfatizaba es que el derramamiento del

Espíritu en Hechos 2 resultaría con el día en que Israel invocara el nombre del Señor.

Ya que la Iglesia se expandió tan rápidamente entre los gentiles, la mayoría de personas piensan que el día de Pentecostés es el día en que Dios cambió su plan redentor alejándolo de Israel y trayéndolo a las naciones. Por el contrario, el día de Pentecostés fue una expresión del compromiso de Dios con Israel. Los eventos de Hechos 2 no cambiaron el plan de Dios transfiriéndolo de Israel hacia las naciones. En vez de eso, estos eventos invitaron a las naciones a formar parte de la historia de Israel y dieron una figura profética del evangelio que las naciones le predicarían a Israel. *Hechos 2 no es el fin de la historia de Israel; es un paso significativo en torno al cumplimiento de las promesas de Israel.*

Hechos 2 es simultáneamente un cumplimiento de las promesas de Dios y también una profecía en sí misma. Predice el día de un gran derramamiento del Espíritu que acompañará a la salvación de Israel. El derramamiento del Espíritu ha llevado a la salvación de los gentiles en una forma que los profetas del Antiguo Testamento nunca hubiesen anticipado. Sin embargo, el derramamiento del Espíritu debe realizar lo que estuvo destinado a realizar desde el principio—salvar a Israel.

Ya que el plan redentor de Dios se despliega a lo largo de siglos, Pablo les advierte a los gentiles acerca de la arrogancia,[15] la cual él define como la idea de que Dios ya ha terminado con Israel debido al éxito del evangelio entre los gentiles. El proceso de Dios nos puede parecer a nosotros lento, pero debemos recordar las palabras de Habacuc:

Porque es aún visión para el tiempo señalado; se apresura hacia el fin y no defraudará. Aunque tarde, espérala; porque ciertamente vendrá, no tardará. (Habacuc 2:3)

Lucas registró los eventos de Hechos 1 al 3 de forma muy intencional. En Hechos 1, él registró la predicción que Jesús hizo acerca de la restauración de Israel en conexión con la predicación del evangelio a las naciones. En Hechos 2, Lucas conectó el derramamiento del Espíritu a la misión de Hechos 1. En Hechos 3, Lucas registra la predicción que Pedro hace de que el derramamiento del Espíritu resultaría en la restauración de Israel. Los capítulos

---

[15] Ver Romanos 11:18, 25.

subsecuentes de Hechos primordialmente cuentan la historia del crecimiento explosivo de la Iglesia entre los gentiles. En estos tres primeros capítulos, Lucas establece un fundamento importante: la salvación de las naciones jugará un papel muy importante en la salvación de Israel.

Hechos 3

En Hechos 3, Pedro habló acerca del cumplimiento futuro de las promesas dadas a Israel:

> *...a fin de que tiempos de refrigerio vengan de la presencia del Señor, y El envíe a Jesús, el Cristo designado de antemano para vosotros, a quien el cielo debe recibir hasta el día de la restauración de todas las cosas, acerca de lo cual Dios habló por boca de sus santos profetas desde tiempos antiguos. (vv. 19–21)*

Pedro, al igual que Jesús, declaró que habría un tiempo en el futuro cuando Dios restauraría «todas las cosas», justo como los profetas también prometieron. La declaración de Pedro era un eco de Hechos 1: 6-7. Nos da una vislumbre de lo que Jesús prometió a los discípulos durante los cuarenta días de enseñanza, y hay varias cosas que debemos notar ahí.

En primer lugar, Pedro esperaba un cumplimiento futuro de las promesas bíblicas. En contexto, Pedro se refería primordialmente a las promesas hechas a Israel. Esto significa que las promesas de los profetas no fueron cumplidas en la primera venida de Jesús. En segundo lugar, Pedro usó el mismo lenguaje de «restauración» que Jesús usó en Hechos 1:6, en el contexto, él está hablando claramente de la restauración de Israel.[16] Pedro no habría usado este lenguaje de restauración si Jesús hubiera enseñado que un «nuevo» Israel vendría, un *Israel* sin ninguna conexión al Israel histórico.

En tercer lugar, la palabra que Pedro usa para «restauración», ἀποκατάστασις (apokatastasis), es muy importante. Esta es la palabra

---

[16] Ver Isaías 40:9–11; Jeremías 32:42–44; Ezequiel 37:21–28; Oseas11:9–11; 14:4–7; Amós 9:11–15.

usada en la Septuaginta17 para referirse al regreso futuro de los judíos dispersos en las naciones a la tierra de Israel. Pedro usó esta palabra, ya que, después del exilio de Babilonia en el año 586 a.C., la mayoría de judíos no regresaron a Israel. Hubo un remanente de judíos en la tierra, pero el exilio no había terminado. Es por esto que Pablo regularmente encontró sinagogas y población judía en sus primeros viajes misioneros al mundo gentil.

Hasta la fecha, solo la mitad de los judíos del mundo viven en Israel. El exilio no ha terminado porque el pueblo judío no ha sido restaurado a su tierra *en su totalidad*. Sin embargo, todos los profetas predicen un tiempo en que Dios traerá a los exiliados—el pueblo judío en su totalidad—desde las naciones de regreso a Israel.[18] La restauración de Israel requiere que todos los exiliados sean reunidos en Israel—algo que no ha pasado hasta el día de hoy. Cuando Pedro usó ἀποκατάστασις para referirse a la restauración, se estaba refiriendo al regreso de todos los judíos a la tierra de Israel.

Finalmente, Pedro dijo que Jesús vendría a restaurar «todas» las cosas que los profetas predijeron. La primera venida de Jesús fue un cumplimiento de muchas profecías, pero no fue el cumplimiento de todas las profecías. La referencia de Pedro a los profetas del Antiguo Testamento es una referencia hecha a las predicciones concernientes a Israel y a su Mesías. Pedro estaba muy consciente de que Jesús, como el Mesías judío, debía haber restaurado el reino a Israel y reunido a los exiliados judíos. Pedro sabía que esta era la objeción principal que su audiencia judía tenía a la idea de que Jesús era el Mesías judío, así que usó el lenguaje de la restauración para decirle a su audiencia judía que Jesús cumpliría con la restauración de Israel. Los apóstoles frecuentemente desafiaron las expectativas que los judíos tenían acerca del Mesías y el hecho de que sufriría, así que es muy revelador el que

---

[17] La Septuaginta es una traducción antigua del Antiguo Testamento al griego usada en el tiempo de Jesús y en el tiempo de la Iglesia primitiva. Muchas de las citas del Antiguo Testamento en el Nuevo Testamento son de la Septuaginta.

[18] Ver Salmos 14:7; 102:13, 19–20; Isaías 11:11–12, 15–16; 27:12–13; 35:5–10; 41:9; 43:6–7; 49; 52:11–12; 60:4; 61:1–3; 66:20; Jeremías 31:8–10; Ezequiel 39:25–28; Joel 2:32–3:1; Oseas 11:11; Miqueas 2:12–13; 4:6–7; 5:6; 7:12; Zacarías 10:6–11.

Pedro no peleara contra le expectativa que ellos tenían con respecto a Israel y su restauración.

Pedro no re-definió a Israel ni desafío la expectativa judía de un Israel restaurado para validar a Jesús como el Mesías. Tampoco explicó el aparente fracaso de Jesús en restaurar a Israel en su primera venida explicándolo como un cambio en el plan de Dios con respecto a Israel. El afirmó que el reino de Israel debe ser restaurado y los exilados deben regresar y el resto del sermón de Pedro en Hechos 3 hace este énfasis.[19]

Pedro explicó la restauración de Israel de la misma forma que Jesús lo hizo en Hechos 1. La primera venida de Jesús no cumplió cada promesa, pero Él regresará de nuevo para cumplir todo lo que hablaron los profetas.

Hechos 10

Pedro no solamente afirmó la salvación futura de Israel, también reconoció el plan divino de Dios para salvar a los gentiles. Pedro frecuentemente es visto como un apóstol a los judíos, pero el Señor le dio a Pedro una experiencia profunda en relación a la intención que él tenía de salvar a los gentiles.[20] Como resultado de esta visión, Pedro estuvo de acuerdo en visitar a Cornelio, un gentil que estaba buscando al Dios de Israel. Al estar en la casa de Cornelio, el Espíritu Santo fue derramado sobre los gentiles:

> *Y les dijo: Vosotros sabéis cuán ilícito es para un judío asociarse con un extranjero o visitarlo, pero Dios me ha mostrado que a ningún hombre debo llamar impuro o inmundo; por eso, cuando fui llamado, vine sin poner ninguna objeción. Pregunto, pues, ¿por qué causa me habéis enviado a llamar?... Entonces Pedro, abriendo la boca, dijo: Ciertamente ahora entiendo que Dios no hace acepción de personas, sino que en toda nación el que le teme y hace lo justo, le es acepto...Mientras Pedro aún hablaba estas palabras, el Espíritu Santo cayó sobre todos los que escuchaban el*

---

[19] El lenguaje de Lucas en Hechos 3:21 también es similar a su lenguaje en Lucas 1:70 ya que ambos pasajes están conectados. En Lucas 1, la salvación de Israel también es el tema principal del cumplimiento de lo que los profetas han hablado.

[20] Ver Hechos 10:9–16.

mensaje. Y todos los creyentes que eran de la circuncisión, que habían venido con Pedro, se quedaron asombrados, porque el don del Espíritu Santo había sido derramado también sobre los gentiles, pues les oían hablar en lenguas y exaltar a Dios. Entonces Pedro dijo: ¿Puede acaso alguien negar el agua para que sean bautizados éstos que han recibido el Espíritu Santo lo mismo que nosotros? (Hechos 10:28–29, 34–35, 44–47)

Después de los eventos de Hechos 10, el evangelio ya no fue un mensaje primordialmente dedicado a la comunidad judía. Fue un mensaje para todas las naciones, y empezó a expandirse rápidamente entre los gentiles. Después de esta experiencia, Pablo jugó un papel importante en la decisión de los apóstoles acerca de cómo relacionarse con los gentiles que habían recibido el evangelio. En Hechos 15, Pedro se puso de pie ante el Consejo de Jerusalén y les recordó a los apóstoles que Dios había aceptado a los gentiles como a su propio pueblo:

Y después de mucho debate, Pedro se levantó y les dijo: Hermanos, vosotros sabéis que en los primeros días Dios escogió de entre vosotros que por mi boca los gentiles oyeran la palabra del evangelio y creyeran. Y Dios, que conoce el corazón, les dio testimonio dándoles el Espíritu Santo, así como también nos lo dio a nosotros; y ninguna distinción hizo entre nosotros y ellos, purificando por la fe sus corazones. (vv. 7–9)

Aunque Pedro ministró principalmente a los judíos, Dios también le dio un corazón para los gentiles. *Como apóstol, Pedro llevó carga por ambas partes del plan de Dios—la salvación de Israel y la salvación de los gentiles.*

Apocalipsis

Tanto el libro de Apocalipsis como el libro de los Hechos predicen la salvación de las naciones y su relación con la salvación de Israel. Juan empezó el libro de Apocalipsis con la predicción de la salvación de Israel:

He aquí, viene con las nubes y todo ojo le verá, aun los que le traspasaron; y todas las tribus de la tierra harán lamentación por El; sí. Amén. (Apocalipsis 1:7)

Igual que Mateo 24:30, Apocalipsis 1:7 está citando la lamentación y el arrepentimiento profetizado en Zacarías 12. Esta no es una predicción de la tristeza de las naciones ante el juicio, aunque esa es una idea bíblica que otros pasajes predicen. En vez de ello, Juan predijo que ese sería el glorioso momento cuando Israel se arrepiente y acepta a Jesús. Este momento de salvación para Israel fue lo primero que Jesús enfatizó cuando él describió su segunda venida,[21] y es el primer evento que Juan predijo en el libro de Apocalipsis.

Estas cosas revelan lo importante que era la salvación de Israel para Juan. Juan introduce y resume los eventos dramáticos de libro de Apocalipsis como los eventos que traerán el cumplimiento de las promesas a Israel. Los eventos descritos en ese libro harán que Israel acepte a su Mesías con lamentación, arrepentimiento y profunda devoción. La expectativa de Juan no tiene sentido si la historia de Israel finalizó con la primera venida de Jesús.

Este énfasis en Israel y su salvación continúa a través de todo el libro. Apocalipsis 7 y Apocalipsis 14 describen a un remanente salvo de cada tribu de Israel.

> *Y oí el número de los que fueron sellados: ciento cuarenta y cuatro mil sellados de todas las tribus de los hijos de Israel; de la tribu de Judá fueron sellados doce mil; de la tribu de Rubén, doce mil; de la tribu de Gad, doce mil; de la tribu de Aser, doce mil; de la tribu de Neftalí, doce mil; de la tribu de Manasés, doce mil; de la tribu de Simeón, doce mil; de la tribu de Leví, doce mil; de la tribu de Isacar, doce mil; de la tribu de Zabulón, doce mil; de la tribu de José, doce mil, y de la tribu de Benjamín fueron sellados doce mil. (vv. 7:4–8)*

> *Miré, y he aquí que el Cordero estaba de pie sobre el Monte Sion, y con Él ciento cuarenta y cuatro mil que tenían el nombre de Él y el nombre de su Padre escrito en la frente. Y oí una voz del cielo, como el estruendo de muchas aguas y como el sonido de un gran trueno; y la voz que oí era como el sonido de arpistas tocando sus arpas. Y cantaban un cántico nuevo delante del trono y delante de los cuatro seres vivientes y de los ancianos; y nadie podía aprender el cántico, sino los ciento cuarenta y cuatro mil que habían sido rescatados de la tierra. (vv. 14:1–3)*

Apocalipsis 11 predice un día en el que dos individuos serán ungidos con increíble poder para preservar a Jerusalén.

---

[21] Ver Mateo 24:30.

Y otorgaré autoridad a mis dos testigos, y ellos profetizarán por mil doscientos sesenta días, vestidos de cilicio. Estos son los dos olivos y los dos candelabros que están delante del Señor de la tierra. Y si alguno quiere hacerles daño, de su boca sale fuego y devora a sus enemigos; así debe morir cualquiera que quisiera hacerles daño. Estos tienen poder para cerrar el cielo a fin de que no llueva durante los días en que ellos profeticen; y tienen poder sobre las aguas para convertirlas en sangre, y para herir la tierra con toda suerte de plagas todas las veces que quieran. (vv. 3–6)

Apocalipsis 12 describe una grandiosa guerra en torno a Israel y la preservación sobrenatural de Dios sobre la misma.

Y una gran señal apareció en el cielo: una mujer vestida del sol, con la luna debajo de sus pies, y una corona de doce estrellas sobre su cabeza.... Y ella dio a luz un hijo varón, que ha de regir a todas las naciones con vara de hierro; y su hijo fue arrebatado hasta Dios y hasta su trono. Y la mujer huyó al desierto, donde tenía un lugar preparado por Dios, para ser sustentada allí, por mil doscientos sesenta días.... Cuando el dragón vio que había sido arrojado a la tierra, persiguió a la mujer que había dado a luz al hijo varón. Y se le dieron a la mujer las dos alas de la gran águila a fin de que volara de la presencia de la serpiente al desierto, a su lugar, donde fue sustentada por un tiempo, tiempos y medio tiempo. Y la serpiente arrojó de su boca, tras la mujer, agua como un río, para hacer que fuera arrastrada por la corriente. Pero la tierra ayudó a la mujer, y la tierra abrió su boca y tragó el río que el dragón había arrojado de su boca. (vv. 1, 5–6, 13–16)

Aunque muchos aspectos de Apocalipsis 7, 11, 12, y 14 están sujetos a interpretación, estos capítulos claramente apuntan a una salvación futura del pueblo judío y una importancia vigente de Israel en el plan redentor.

El libro de Apocalipsis termina con la descripción de la Nueva Jerusalén bajando del cielo a la tierra. Esta ciudad celestial tiene los nombres de las doce tribus de Israel en las puertas y los nombres de los apóstoles judíos en los fundamentos. Es importantísimo el que los nombres en las puertas y en las piedras fundamentales de la Nueva Jerusalén sean judíos. Si Dios hubiese querido reemplazar el rol de Israel en la historia, deberíamos esperar encontrar nombres de las naciones en vez de éstos. En vez de esto, el libro de Apocalipsis, además, termina con el énfasis en la posición única que tiene Israel en la historia de la redención.

> *Tenía un muro grande y alto con doce puertas, y en las puertas doce ángeles; y en ellas había nombres escritos, que son los de las doce tribus de los hijos de Israel. Había tres puertas al este, tres puertas al norte, tres puertas al sur y tres puertas al oeste. El muro de la ciudad tenía doce cimientos, y en ellos estaban los doce nombres de los doce apóstoles del Cordero. (21:12–14)*

Sin embargo, el libro de Apocalipsis también predice la salvación de los gentiles. Cuando Juan vio a Jesús como el Cordero en Apocalipsis 5:9, él recibía adoración porque él era Aquel que compró a gente de toda tribu, lengua, pueblo y nación:

> *Y cantaban un cántico nuevo, diciendo: Digno eres de tomar el libro y de abrir sus sellos, porque tú fuiste inmolado, y con tu sangre compraste para Dios a gente de toda tribu, lengua, pueblo y nación.*

En Apocalipsis 7, el mismo capítulo que describe al remanente salvo de toda tribu en Israel, Juan ve a una multitud salva de toda tribu, pueblo y lengua:

> *Después de esto miré, y vi una gran multitud, que nadie podía contar, de todas las naciones, tribus, pueblos y lenguas, de pie delante del trono y delante del Cordero, vestidos con vestiduras blancas y con palmas en las manos. (v. 9)*

El libro de Apocalipsis puede ser considerado el más dramático de toda la Biblia. Empieza con la predicción de la salvación de Israel y contiene predicciones de la salvación de los gentiles. En el libro de Apocalipsis, ambas cosas son el resultado de la Gran Comisión.

Un nuevo hombre

Mucha gente cree que los propósitos de Dios para Israel han terminado gracias al énfasis que hay en el Nuevo Testamento acerca del plan que Dios tiene de formar una Iglesia con gente de toda nación. El apóstol Pablo le llamó al acto de Dios de formar a la Iglesia a partir de muchos «la creación de *un nuevo hombre*»:

...para crear en sí mismo de los dos un nuevo hombre, estableciendo así la paz, y para reconciliar con Dios a los dos en un cuerpo por medio de la cruz, habiendo dado muerte en ella a la enemistad. (Efesios 2:15–16)

Pablo describió el plan de Dios de unir a judío y gentil en un pueblo y le llamó *el misterio mismo de Cristo*:

En vista de lo cual, leyendo, podréis comprender mi discernimiento del misterio de Cristo. . . a saber, que los gentiles son coherederos y miembros del mismo cuerpo, participando igualmente de la promesa en Cristo Jesús mediante el evangelio (Efesios 3:4, 6)

Si el plan de Dios es el de unir a judío y gentil y hacerlos un solo pueblo, entonces tendría sentido cuestionar si Israel todavía tiene un propósito específico entre las naciones. Para responder a esta pregunta, debemos ver al misterio de Cristo, el cual está escondido en Dios mismo.

A Dios se le refiere frecuentemente como a *la Trinidad*, un término usado para describir el hecho de que Dios es uno, él está unificado, y aun así Dios es tres personas distintas: Padre, Hijo y Espíritu Santo. Los tres son Dios y viven en completa unidad. La Divinidad no puede ser separada; al mismo tiempo hay tres roles distintos para cada persona de la Trinidad.

La Iglesia está conformada de manera similar. Es un cuerpo unificado con un propósito único y está unido por el amor. Sin embargo, dentro del cuerpo hay diferentes asignaciones existentes para diferentes grupos de gente. Pablo aborda tres diferentes ejemplos de esto en el libro de Efesios.

El primer grupo es el judío y el gentil que conforman el *nuevo hombre*. Asumimos que la unidad requiere uniformidad porque la gente usualmente busca la unidad haciendo que todos sean iguales. Sin embargo, la gloria del evangelio es que Dios forma un pueblo unificado a partir de naciones, y esos pueblos retienen elementos de su diversidad actual con propósitos redentores.

El segundo ejemplo que Pablo usa son los dones ministeriales en la Iglesia. Pablo específicamente nombra apóstoles, profetas, pastores, maestros y evangelistas[22] y al mismo tiempo enfatiza que estos dones

---

22 Ver Efesios 4:11.

ministeriales son dados por Dios para edificar y equipar a *un* cuerpo unido por *un* Señor, *una* fe y *un* bautismo.[23] Dios da distintos dones ministeriales a la Iglesia. Algunos son pastores, y otros evangelistas. Necesitamos que los pastores funcionen como pastores, de otra manera al Cuerpo le hará falta algo. Necesitamos que los evangelistas funcionen como evangelistas, de lo contrario nos hará falta algo. Cuando estos diferentes dones ministeriales funcionan bien, todo el Cuerpo de Cristo se beneficia.

Un tercer grupo que tomaremos como ejemplo es al que Pablo se está refiriendo en Efesios: marido y mujer. La pareja de esposos tiene diferencias que los distinguen y también que los complementan. Ambos son amados de igual forma por Dios, tienen el mismo acceso a la gracia de Dios, y tienen la misma posición delante de Dios. Sin embargo, tienen también distinciones de este lado de la eternidad, y esas distinciones benefician a la familia. Cuando el esposo y la esposa funcionan en sus distinciones, la familia se vuelve algo más poderoso de lo que puede llegar a ser cuando solo hay un esposo o una esposa.

En cada uno de estos ejemplos, vemos el entendimiento que Pablo tenía de cómo el judío y el gentil funcionan al estar juntos. Hay solo un pueblo delante de Dios. Todos tienen el mismo acceso a Dios. No hay ciudadanos de segunda clase. Y, aun así, en este siglo, hay propósitos distintos redentores que Dios le da al Cuerpo. Esos propósitos son para el bien del Cuerpo, y cuando la gente no funciona en esas distinciones, al Cuerpo de Cristo le queda faltando algo. Este es un patrón que existe en la misma persona de Dios y que él ha duplicado en su pueblo, y revela cómo Dios puede formar un solo pueblo, y aun así, dentro de ese pueblo unificado, Israel puede seguir teniendo una asignación distintiva con promesas distintivas en este siglo.

Israel y las naciones: profundamente conectadas a través de la Gran Comisión

Es verdad que el Nuevo Testamento describe la expansión del evangelio entre los gentiles y da directivas claras de llevar el evangelio a las naciones. Sin embargo, *el Nuevo Testamento no trata a la Gran Comisión a las naciones como algo completamente nuevo y desconectado de las promesas de Dios hacia Israel.*

---

[23] Ver Efesios 4:4-6, 25.

Jesús no re-dirigió a la Iglesia para ir a las naciones porque Él ya hubiera terminado con Israel. Él envió a la Iglesia a las naciones porque él le estaba siendo fiel a Israel. La Gran Comisión en el Nuevo Testamento es una continuación del plan de redención anunciado en el Antiguo Testamento. La misión se acelera y adquiere un enfoque mucho más claro a medida que la Iglesia es comisionada para ir a las naciones, pero la esencia de la misión permanece intacta.

Los gentiles han recibido una invitación sin precedentes a convertirse en pueblo de Dios, pero no llegó a expensas del llamamiento de Israel. Una lectura cuidadosa del Nuevo Testamento muestra que Dios permanece comprometido con una salvación futura y una restauración futura de Israel. El misterio del plan de Dios es que esta salvación está profundamente conectada al plan que Dios tiene de salvar a los gentiles.

PABLO Y LA GRAN COMISIÓN

La perspectiva de Pablo acerca de la misión a los gentiles

Hemos visto cómo el Antiguo Testamento provee el fundamento de la Gran Comisión. También hemos visto cómo el Nuevo Testamento presenta la salvación de Israel como un evento futuro conectado a la obra de Dios entre las naciones. Ahora, nos volveremos para examinar el punto de vista de Pablo acerca de Israel y la Gran Comisión. Pablo le ha dado forma a la teología de la Iglesia gentil más que cualquier otro autor bíblico, así que debemos entender la perspectiva de Pablo acerca del futuro de Israel y, más específicamente, el rol que Israel jugó en su misionología.

Romanos 9 al 11 es tal vez el pasaje más importante en el Nuevo Testamento con respecto al entendimiento que Pablo tenía cerca de la Gran Comisión. En estos capítulos, Pablo discutió la relación entre la historia de Israel y la Gran Comisión a las naciones. El explicó su misionología con respecto a Israel y el rol que la misión a los gentiles juega en la historia de Israel.

Pablo construyó su misionología usando su conocimiento del Antiguo Testamento. El había buscando en las Escrituras para poder entender el propósito del plan redentor de Dios, y usó las Escrituras para interpretar su propia misión. En Romanos 9-11, él expone acerca de su misión a los gentiles al resumir las profecías del Antiguo Testamento y usarlas como la base escritural para la comisión que recibió de parte del cielo.

Al estudiar cómo Pablo aplicó las profecías del Antiguo Testamento, podemos aprender a aplicar nuestro entendimiento del fin de los tiempos a la misión de la Iglesia. Tenemos la tendencia de ver la profecía bíblica como algo desconectado de las misiones, pero Pablo integró ambas cosas profundamente. Necesitamos recobrar el enfoque que Pablo dio a la profecía bíblica. Las profecías bíblicas están supuestas a darle forma y dirección a las misiones globales al describir el resultado de la actividad de Dios en la tierra. Dios dio esas profecías para que pudiéramos trabajar con una consciencia de nuestro objetivo o fin.

La tristeza de Pablo

Pablo empieza Romanos 9 con palabras muy solemnes:

> *Digo la verdad en Cristo, no miento, dándome testimonio mi conciencia en el Espíritu Santo, de que tengo gran tristeza y continuo dolor en mi corazón. Porque desearía yo mismo ser anatema, separado de Cristo por amor a mis hermanos, mis parientes según la carne, que son israelitas, a quienes pertenece la adopción como hijos, y la gloria, los pactos, la promulgación de la ley, el culto y las promesas (vv. 1–4)*

Esta es la única vez en que Pablo inicia una declaración de esta manera. Dice tres cosas muy inusuales:

1. Que está hablando la verdad en Cristo.

2. Que no está mintiendo.

3. Que su consciencia da testimonio en el Espíritu Santo.

Pablo da tres diferentes declaraciones de verdad en este segmento. El hecho de que Pablo presenta esta carga con tres declaraciones de esta clase revela la seriedad de estos versos. Pablo quería asegurarse que los lectores no tomarían sus palabras en Romanos 9 como hipérbole. El quería asegurarse que sus palabras serían tomadas literalmente.

La introducción tan inusual de Pablo era necesaria porque usó lenguaje muy fuerte en la primera parte de Romanos 9. El dijo que tenía «gran tristeza» y «continuo dolor» en su corazón acerca del tema de Israel. La palabra usada aquí para dolor es la palabra griega ὀδύνη. Puede definirse como sigue:

> ὀδύνη, ης f: (una extensión figurativa del significado de ὀδύνη «dolor físico», no encontrada en el NT) un estado de severa ansiedad emocional y

aflicción--«gran aflicción, ansiedad intensa». καὶ ἀδιάλειπτος ὀδύνη τῇ καρδίᾳ μου «la gran aflicción en mi corazón es infinita» Rom. 9:2.[1]

odýnē significa a. «dolor físico» y b. «aflicción mental». odynáō es «causar dolor o tristeza», forma pasiva de «sentir dolor», «acto de sufrir». El principal uso en la LXX es para denotar el profundo dolor del alma, como en Zac. 12:10; Is. 38:15; Am. 8:10; Prov. 17:25; Ez. 21:11. En el NT Pablo usa odýnē en Rom. 9:2 para describir su aflicción de que sus compatriotas están descalificados de la salvación. En 1 Tim. 6:10 la referencia es dolores de conciencia que afligen a aquellos que se apartan a través del amor al dinero. La palabra odynáomai ocurre cuatro veces en Lucas y en Hechos. En Lc. 4:28 es la ansiedad por un hijo amado, en Lc. 16:24 es el tormento por una pérdida eterna, en 16:25 la aflicción del remordimiento, y en Hechos 20:38 es el dolor de la despedida final del apóstol.[2]

Frecuentemente tratamos de entender lo que Pablo pensaba acerca de Israel, pero no lo podemos hacer del todo a menos que examinemos lo que él sentía por Israel. La carga que Pablo tenía por ellos no era sentimental. No estaba ofuscado, confundido o molesto acerca de Israel. El tenía aflicción. Su dolor por Israel le afectaba profundamente: mental, física y emocionalmente.

No solamente tenía aflicción, sino que tenía una aflicción «continua». El no podía evitar o escapar del dolor que sentía por ellos. Tenía la carga por las iglesias gentiles y lloraba por ellas, pero esto era algo diferente. Su dolor por Israel estaba constantemente en su mente y afectando sus emociones. El lenguaje que Pablo usa describe lo que le ocurre a una persona que experimenta una pérdida irreparable o una

---

[1] Johannes P. Louw y Eugene Albert Nida, vol. 1, *Greek-English Lexicon of the New Testament: Based on Semantic Domains,* electronic ed. of the 2nd edition. (New York: United Bible Societies, 1996), 313—*Referencia bibliográfica original que el autor consultó en inglés*—(N. del T)

[2] Gerhard Kittel, Gerhard Friedrich and Geoffrey William Bromiley, *Theological Dictionary of the New Testament* (Grand Rapids, MI: W.B. Eerdmans, 1985), 673. —*Referencia bibliográfica original que el autor consultó en inglés*—(N. del T)

gran tragedia, y debido al sufrimiento, es imposible que esta persona viva normalmente. La aflicción de Pablo por Israel era tan severa que él deseaba perder su salvación si esto pudiera resultar en la salvación de Israel.

Si Dios hubiese ya terminado con Israel, Pablo no tendría este tipo de angustia acerca de la situación. Este dolor explica en parte el porqué Pablo siempre iba a la sinagoga cuando entraba a una ciudad. Esta práctica no era meramente un lugar donde comenzaba su trabajo cuando predicaba en una ciudad; Pablo tenía el deseo ardiente de ver a Israel salvo. Pablo tubo la osadía de decir que no había recibido su evangelio de parte de ningún hombre sino de revelación directa de parte de Jesús.[3] También declaró que el Espíritu Santo daba testimonio de su carga por Israel.[4] Por lo tanto, la angustia de Pablo por Israel no era solamente de él. Es también la carga del Señor por Israel.

Lo que el Señor hizo con Pablo es muy especial. Pablo siempre tuvo celo por su gente. Este celo es lo que le motivó a perseguir a los cristianos. Dos cosas muy particulares ocurrieron después de que Pablo tuvo el impresionante encuentro con Jesús camino a Damasco. De primero, el celo de Pablo se volvió angustia. Reconoció la profunda necesidad que Israel tenía de salvación. Pablo tenía celo por Israel de acuerdo a su propio entendimiento, pero el Señor le dio también su propia carga por Israel a Pablo, y esto transformó la forma en que el apóstol veía a su propia gente.

En segundo lugar, Dios tomó a este hombre con celo por su pueblo y le dio un mandato de ir a otras gentes. Esta tarea era muy inusual porque Pablo hubiera sido el candidato perfecto para ir y predicarle a Israel. Tenía celo por Israel y angustia de parte del Señor por su salvación. Sin embargo, Dios quería que Pablo recibiera y expresara el corazón completo de Dios. Pablo necesitaba amar a Israel y amar también a las naciones, así que Dios envió a Pablo a un pueblo que anteriormente él había despreciado.

Antes de su conversión, Pablo consideraba a los gentiles como enemigos y opresores—un pueblo inmundo que adoraba dioses paganos. Sin embargo, los gentiles que Pablo despreció antes de su

---

[3] Ver Gálatas 1:12.

[4] Ver Romanos 9:1.

conversión se convirtieron en sus mejores amigos. Lloró por sus familias y dedicó su vida para que ellos fueran salvos. Les escribió cartas llenas de profunda emoción y su amor fue expresado de forma tangible y profunda al sufrir increíblemente por el bien de los gentiles.[5] *Pablo, en su vida y ministerio, se volvió una figura de la pasión de Dios por Israel y el deseo del Señor de salvar a las naciones.*

Debido a que tenia el llamado de ser un apóstol modelo para las generaciones que vendrían, el Señor tuvo que poner en Pablo todo lo que sentía. La angustia que tenía por Israel no entraba en conflicto con la carga que sentía por la salvación de los gentiles. Pablo no tenía que escoger entre estas dos cosas, y tampoco nosotros. *Tal y como Pablo, necesitamos llevar con nosotros ambas partes del corazón de Dios—angustia por Israel mezclada con una carga por las naciones.*

Cuando empezó la misión del evangelio, Dios tuvo que dar carga por los gentiles a hombres como Pedro. *En nuestros días, necesitamos lo opuesto: necesitamos que Dios nos dé carga por Israel.* La perspectiva que ellos tenían acerca de la misión de Dios estaba limitada al futuro de Israel hasta que Dios les agrandó la visión y el corazón. Nuestra perspectiva ha sido limitada también. Tal y como Dios le dio a Pablo carga por las naciones, también quiere darles a las naciones una carga por Israel. Tal y como Pablo, necesitamos ambas partes del corazón de Dios para poder tener una visión completa de la Gran Comisión. En Romanos 9–11, Pablo hace mucho más que describir su angustia por Israel. Él explica cómo su misión a los gentiles jugará un rol en la salvación de Israel.

El dilema de Pablo

Cuando Pablo escribió Romanos 9–11, él abordó un tema que enfrentó durante todo su ministerio apostólico. Estaba viajando entre los gentiles, predicando que debían someterse al Rey mesiánico de Israel. Sin embargo, este mensaje enfrentaba dos desafíos inmensos. El primero es que las naciones no estaban muy contentas con Israel, la cual en ese tiempo era una nación pequeña bajo ocupación romana. El segundo era que Israel no había recibido a Jesús como Rey, así que, ¿por qué tendrían los gentiles que abrazar al Rey de Israel cuando Israel mismo no lo había hecho? Parecía ser que el Mesías de Israel había

---

5 Ver Hechos 9:16; 2 Corintios 6:4–5; 11:23–28.

fallado en llevar a Israel a alcanzar sus promesas, así que ¿cómo sabrían los gentiles que Jesús era el verdadero Mesías?

Para entender Romanos 9 en el contexto correcto, necesitamos reconocer que Pablo estaba escribiéndole a gentiles y a judíos para explicar cómo Israel tendría que recibir a su Mesías para poder ser salvo. Pablo estaba explicando cómo la promesa de la salvación de Israel[6] será cumplida para dar a los creyentes judíos y gentiles la valentía de aceptar que Jesús es, de hecho, el Mesías prometido.

Pablo empezó recordándole a sus lectores el rol particular que Israel juega en el plan de redención:

> *...que son israelitas, a quienes pertenece la adopción como hijos, y la gloria, los pactos, la promulgación de la ley, el culto y las promesas, de quienes son los patriarcas, y de quienes, según la carne, procede el Cristo, el cual está sobre todas las cosas, Dios bendito por los siglos. Amén. (Romanos 9:4–5)*

El que Pablo haya afirmado las promesas a Israel en Romanos 9:4 establece el contexto para el mensaje de Pablo: Israel estaba en crisis, pero Dios la llevaría al punto en donde podría recibir salvación. Así como Dios le vuelve a afirmar sus promesas a Israel en el desierto después de que ellos violaron el pacto al adorar al becerro de oro,[7] Pablo vuelve a afirmar la promesa de Dios de salvar a Israel aún después de que ellos rechazaron a su Mesías:

> *Son israelitas, a quienes pertenece la adopción como hijos, y la gloria, los pactos, la promulgación de la ley, el culto y las promesas. (Romanos 9:4)*

> *...y así, todo Israel será salvo; tal como está escrito: El Libertador vendrá de Sion; apartará la impiedad de Jacob. Y este es mi pacto con ellos, cuando yo quite sus pecados. (11:26–27)*

> *En cuanto al evangelio, son enemigos por causa de vosotros; pero en cuanto a la elección de Dios, son amados por causa de los padres; porque*

---

[6] Ver Deuteronomio 30:1–6; Isaías 4:3; 45:17, 25; 54:13; 59:21; 60:21; Jeremías 31:34; 32:40; Ezequiel 20:40; 39:22, 28–29; Joel 2:26; Zacarías 12:13.

[7] Ver Exodo 33:1

los dones y el llamamiento de Dios son irrevocables. *Pues así como vosotros en otro tiempo fuisteis desobedientes a Dios, pero ahora se os ha mostrado misericordia por razón de la desobediencia de ellos, así también ahora éstos han sido desobedientes, para que por la misericordia mostrada a vosotros, también a ellos ahora les sea mostrada misericordia. (vv. 28–31)*

En Romanos 9:6–12, Pablo usa la historia de Israel para demostrar su argumento. Usa a Ismael y Esaú como ejemplos de gente que debería haber recibido bendición porque habían nacido en la familia con la cual Dios había hecho un pacto, pero quienes habían perdido esa bendición. Pablo usó esos ejemplos históricos para demostrar dos puntos clave.

El primero es que esta no es la primera vez en la historia de Israel en la que aquellos que estuvieron en posición de participar en las promesas de Dios sufrieron pérdida debido a su rechazo del plan de Dios.

El segundo es que Dios elige de forma divina a individuos para sus propósitos específicos. Cuando rechazamos su elección divina, podemos ser cortados de sus propósitos redentores. Ismael y Esaú fueron cortados porque rechazaron la decisión de Dios al escoger a sus respectivos hermanos para un rol particular en el plan de redención. (Esteban usó el mismo argumento en su sermón en Hechos recordándole a su audiencia que la rebelión de Israel en el desierto estaba conectada al rechazo que expresaron sobre Moisés como el líder escogido por Dios[8]).

Pablo usó estas historias para ilustrar el punto acerca de la situación estratégica de Israel. Ismael y Esaú nacieron en la familia, pero rechazaron a la persona que Dios había escogido para cumplir con el llamado familiar. De la misma forma, Israel rechazó a Jesús, a quien Dios había escogido para cumplir con el llamado de Israel. Como resultado, muchos que habían nacido en Israel, y por ende, debían hacer recibido gran bendición, fueron cortados y se quedaron sin la misma. Pablo expresó esto al decir que no todos los que son descendientes físicos de Israel pertenecen a Israel.

---

[8] Ver Hechos 7:35–53

Pero no es que la palabra de Dios haya fallado. Porque no todos los descendientes de Israel son Israel (Romanos 9:6)

La conclusión de Pablo es simple. El rechazo de Israel hacia Jesús es doloroso y sorprendente pero no sin precedentes. Cuando vemos la historia de Israel, muchas de sus figuras principales fueron, en un momento u otro, rechazados por sus familias. Estos personajes incluyen a Isaac, Jacob, Moisés, David, Jeremías, etc. *La situación de Israel era una tragedia—y Pablo tenía angustia al respecto—pero no significa para nada que la Palabra de Dios hubiera fracasado.*

En Romanos 9, Pablo reconoció que Israel sufrió una pérdida tremenda, ya que era una nación creada para recibir el evangelio[9] pero que aun a pesar de ello rechazó a Jesús. Pero Dios hará que surja redención de la tragedia. El está tejiendo una historia en la que la tragedia de Israel traerá bendición a las naciones y establecerá el escenario para la salvación de Israel a través de la Gran Comisión.

La misiología de Pablo

En Romanos 10, Pablo explicó su misiología y el rol que la misión a los gentiles juega en cumplir con las promesas de Dios a Israel. Pablo empieza Romanos 10 al identificar la necesidad principal de Israel—salvación:

Hermanos, el deseo de mi corazón y mi oración a Dios por ellos es para su salvación. Porque yo testifico a su favor de que tienen celo de Dios, pero no conforme a un pleno conocimiento (vv. 1–2)

Dios ha abierto una ventana de misericordia para todos los que claman a él, y ese ofrecimiento de compasión que él extiende es lo que ultimadamente cumplirá con su plan:

Porque no hay distinción entre judío y griego, pues el mismo Señor es Señor de todos, abundando en riquezas para todos los que le invocan; porque: Todo aquel que invoque el nombre del Señor será salvo. (vv. 12–13)

Al continuar su argumento, Pablo en Romanos 10 explicó cómo el hecho de que Dios ofrece misericordia a todos jugará un papel crítico

---

[9] Ver Romanos 9:4–5.

en la salvación de Israel. Para enfatizar su punto, Pablo hizo referencia a varios pasajes del Antiguo Testamento. Para entender el uso que Pablo hace de estos pasajes, primero debemos tener ciertos elementos en mente.

Debemos recordar el contexto original de estos pasajes. Pablo añadió nuevo significado a dichos pasajes, pero no les dio una nueva interpretación. Por el contrario, Pablo usó el contexto original de cada pasaje para construir su argumento. También debemos recordar que Pablo era un maestro judío. El referirse a parte del pasaje y esperar que su audiencia supiera el contexto completo era un estilo común en los días de Pablo. Pablo frecuentemente enseñó de esta manera, y esperaba que su lector entendiera el contexto original de los pasajes que citaba para luego poder interpretar el uso que él estaba haciendo de los mismos.

Pablo les dio explicación a pasajes del Antiguo Testamento, pero no les dio una nueva interpretación. Frecuentemente revelaba que pasajes del Antiguo Testamento significaban mucho más de lo que los profetas entendieron, pero él nunca les quitó a estos pasajes su significado original. En los tiempos de Pablo, el Antiguo Testamento era la única Biblia que la Iglesia tenía, y los cristianos estaban muy familiarizados con ella. En nuestros tiempos, la mayoría de cristianos no conocen el Antiguo Testamento y fácilmente pueden perder el sentido de la enseñanza de Pablo. El uso que él hizo de el Antiguo Testamento nos muestra su forma de pensar. Cada vez que Pablo cita un pasaje del Antiguo Testamento, nos deja ver lo que él piensa en torno al tema.

En Romanos 10:11–13, Pablo, a través de un uso interesante de las profecías del Antiguo Testamento, empieza a introducir la forma en la que la crisis de Israel será resuelta:

Pues la Escritura dice: Todo el que cree en El no será avergonzado. Porque no hay distinción entre judío y griego, pues el mismo Señor es Señor de todos, abundando en riquezas para todos los que le invocan; porque: Todo aquel que invoque el nombre del Señor será salvo.

El verso 11 es una referencia a la declaración que Pablo hace anteriormente en Romanos 9:33:

...tal como está escrito: He aquí, pongo en Sión una piedra de tropiezo y roca de escándalo; y el que crea en El no será avergonzado.

Romanos 9:33 es un verso interesante porque es una combinación de las profecías de Isaías versos 8:14 y 28:16:

Entonces El vendrá a ser santuario; pero piedra de tropiezo y roca de escándalo para ambas casas de Israel, y lazo y trampa para los habitantes de Jerusalén. (8:14)

Por tanto, así dice el Señor Dios: He aquí, pongo por fundamento en Sion una piedra, una piedra probada, angular, preciosa, fundamental, bien colocada. El que crea en ella no será perturbado. (28:16)

Pablo puso estas dos profecías juntas para enseñar algo importante en Romanos 9:33 y 10:11. Dios se ha convertido en una piedra angular de liberación para Israel en la persona de Jesús. Sin embargo, esa piedra angular es controversial y ha causado tropiezo y ofensa a muchos en Israel. El punto de Pablo era que Jesús es la oferta de salvación que Dios hace, pero la oferta de salvación es tan controversial que muchos en Israel la rechazarán—justo como Isaías profetizó.

En el verso 12, Pablo declara que la oferta de salvación que los profetas predijeron está disponible a todo el que invoca el nombre del Señor—tanto gentiles como judíos. El ofrecimiento de salvación que Dios hace todavía contiene una promesa especial y única para Israel, pero él la ha extendido a todas las naciones. Esto es parte de la comprensión que Pablo tiene del misterio del evangelio.[10] Prepara el contexto para el verso 13.

En el verso 13, Pablo cita Joel 2:32:

Y sucederá que todo aquel que invoque el nombre del Señor será salvo; porque en el monte Sion y en Jerusalén habrá salvación, como ha dicho el Señor, y entre los sobrevivientes estarán los que el Señor llame.

Joel 2:32 es parte de una profecía que Joel dio para describir el día en que el Señor liberaría a Israel, juzgaría a las naciones y derramaría su

---

[10] Ver Efesios 3:4–7.

Espíritu sobre todos en Israel. Contextualmente, esto se refiere a cuando Israel invoque el nombre del Señor. Este pasaje describe la gran esperanza de Israel, y Pablo lo referenció para dejar en claro el punto relacionado a su salvación.

Pablo puso mucho énfasis en estos tres versos, y su proceso mental se vuelve aparente cuando reconocemos la progresión en los mismos:

Verso 11—Dios va a ofrecer salvación abiertamente, pero Aquel a quien él escoja será una «roca de tropiezo» y una «piedra de escándalo» (*N. del T. —en inglés: «roca de ofensa»*). Esa es una declaración profética de la respuesta que Israel exhibe ante Jesús.

Verso 12—Dios va a ofrecer salvación libremente a Israel y las naciones. En medio del rechazo que Israel hace de Jesús, la salvación será ahora también ofrecida a las naciones.

Verso 13—Este ofrecimiento de salvación a judíos y gentiles va a establecer el telón de fondo para el cumplimiento de la profecía de Joel del día en que todo Israel invoque el nombre del Señor para salvación.

Pablo no le re-definió a Israel la aplicación específica de Joel 2:32; en lugar de ello, él explicó que la profecía de Joel depende en el ofrecimiento de salvación que le estaba siendo hecho a tanto judíos como a gentiles. Romanos 10:11–13 es el resumen que Pablo hace de su misión, y luego él extiende su explicación en los versos que siguen.

En Romanos 10:14–15, Pablo cita Isaías 52:7:

¡Qué hermosos son sobre los montes los pies del que trae buenas nuevas, del que anuncia la paz, del que trae las buenas nuevas de gozo, del que anuncia la salvación, y dice a Sion: ¡Tu Dios reina! (Isaías 52:7)

¿Cómo, pues, invocarán a aquel en quien no han creído? ¿Y cómo creerán en aquel de quien no han oído? ¿Y cómo oirán sin haber quien les predique? ¿Y cómo predicarán si no son enviados? Tal como está escrito: ¡Cuan hermosos son los pies de los que anuncian el evangelio del bien! (Romanos 10:14–15)

Isaías 52:7, en contexto, es una profecía concerniente a la predicación que Israel recibe en las naciones acerca de la grandeza del Dios de ellos. Pablo quería que nosotros aplicáramos Romanos 10:14–15 a las naciones porque él ya había dicho en el verso 12 que el mensaje de salvación de Israel debe ser predicado tanto a judío como a gentil.

Sin embargo, pensar en las naciones es una aplicación secundaria de la profecía de Isaías. En el contexto original, Isaías profetizó acerca de Israel, y nosotros debemos reconocer que Pablo está usando el verso en el mismo contexto, también hablando acerca de Israel.

La aplicación principal que Pablo hace de la profecía de Isaías no es la predicación a los gentiles, es la predicación a Israel. Cuando Pablo se refiere a «ellos» en Romanos 10:14–15, él se está refiriendo a Israel. Sabemos esto debido a tres razones principales:

1. Es el contexto de la profecía de Isaías, y Pablo no define el concepto de forma diferente (aunque expande la predicación de la salvación hacia las naciones, así como a Israel en Romanos 10:12).

2. Romanos 10:14–15 es una introducción a Romanos 10:16–21, y ambos pasajes deben ser interpretados juntamente. De la misma manera en que el argumento que Pablo construye en Romanos 10:16–21, se vuelve claro que el «ellos» que Pablo refiere aquí trata acerca de Israel.

3. Pablo termina Romanos 10 y empieza Romanos 11 al describir el plan de Dios de usar a gentiles para predicarle el evangelio de vuelta a los israelitas.

Esto no significa que no hay aplicación del pasaje para predicar el evangelio a los gentiles. Pablo mismo estaba movido por la ambición de predicar el evangelio a los gentiles que no lo habían escuchado aun:

De esta manera me esforcé en anunciar el evangelio, no donde Cristo ya era conocido, para no edificar sobre el fundamento de otro; sino como está escrito: Aquellos a quienes nunca les fue anunciado acerca de Él, verán,
y los que no han oído, entenderán. (Romanos 15:20–21)

*N. del T. —la versión en inglés lee «hice del predicar el evangelio mi ambición»—

Sin embargo, cuando Pablo describió su ambición de predicar a los gentiles, él cita Isaías 52:15. El pasaje se refiere a las naciones y reyes de la tierra a medida que escuchan las nuevas que nunca antes habían escuchado acerca del Mesías. Esto es diferente de lo que Pablo hizo en Romanos 10. En Romanos 10 pablo usó un pasaje de Isaías enfocado en la predicación a Israel para plantear su punto de que los gentiles deben predicar el evangelio a los judíos dispersados en las naciones para que Israel pueda escuchar las buenas nuevas de su salvación.

Romanos 10:14–15 es acerca de Israel, pero implica la salvación a los gentiles debido a que, sin la predicación del mensaje de salvación a los gentiles, no habrá gentiles que puedan predicarle a Israel en las naciones. Por eso es que Pablo usó un pasaje acerca de Israel en Romanos 10:12 e incluyó la predicación a los gentiles. La misión a los gentiles está implícita en estos pasajes. *Por lo tanto, el usar estos versos como motivación para predicar a los gentiles es una aplicación válida, pero debemos reconocer que estos versos ultimadamente describen la salvación de Israel.*

Isaías 52:7 originalmente se refirió a los mensajeros que daban las buenas nuevas de redención a los exiliados judíos. Era un mensaje de salvación llevado a los judíos dispersos en las naciones. Ese contexto es la razón por la cual Pablo usa el pasaje en Romanos 10:15 para enfatizar su argumento. *Ya que Israel estaba disperso entre los gentiles, necesitaba escuchar las buenas nuevas de su salvación de parte de los mensajeros en las naciones.* Pablo entendió que los gentiles estaban llamados a ser mensajeros en las naciones, hablándoles el mensaje de salvación al pueblo judío. Por ende, la evangelización de las naciones, en obediencia a la Gran Comisión, se volvería un componente clave en la salvación de Israel.

Pablo anticipó que los gentiles cuestionarían si este testimonio era necesario dado que Israel fue el primero en recibir las buenas noticias de salvación. Israel también tenía un pacto antiguo con Dios. ¿Necesitaba verdaderamente Israel otra predicación del evangelio? He aquí la respuesta de Pablo:

> *Sin embargo, no todos hicieron caso al evangelio, porque Isaías dice: Señor, ¿quien ha creído a nuestro anuncio? Así que la fe viene del oír, y el oír, por la palabra de Cristo. Pero yo digo, ¿acaso nunca han oído? Ciertamente que sí: Por toda la tierra ha salido su voz, y hasta los confines del mundo sus palabras. (Romanos 10:16–18)*

La respuesta de Pablo a este argumento era clara: Israel ha escuchado, pero debe escuchar de nuevo porque Dios quiere extenderles misericordia.

Uno de los castigos principales por la desobediencia de Israel fue el exilio de la tierra, y la presencia de Israel en las naciones es una señal de su juicio. Aun al día de hoy, el hecho de que casi la mitad de los judíos viven en las naciones es una declaración de la relación de Israel con Dios. De acuerdo a Pablo, el hablarle a Israel acerca de su salvación y su Dios es la respuesta bíblica al juicio de Israel en las naciones. Trágicamente, la Iglesia más frecuentemente ha ignorado o perseguido a Israel cuando hemos sido llamados a extender misericordia a Israel al hablarles acerca de su salvación.

Pablo toma la misión que introdujo en los versos 14 al 15 y la desarrolla con más detalle en los versos 19 al 21 al demostrar cómo el Antiguo Testamento predijo el día en el que los gentiles provocarían a Israel. Empezó citando Deuteronomio en Romanos 10:19,

Y añadió: ¿Acaso Israel no sabía? En primer lugar, Moisés dice: Yo os provocaré a celos con un pueblo que no es pueblo; con un pueblo sin entendimiento os provocaré a ira.

Aquí está el pasaje al que hizo referencia:

Entonces Él dijo: "Esconderé de ellos mi rostro, veré cuál será su fin; porque son una generación perversa, hijos en los cuales no hay fidelidad. "Ellos me han provocado a celo con lo que no es Dios; me han irritado con sus ídolos. Yo, pues, los provocaré a celos con los que no son un pueblo; los irritaré con una nación insensata (Deuteronomio 32:20–21)

En Deuteronomio, Moisés profetizó que Israel provocaría a Dios a celos e ira al ir tras otros dioses. Dios frecuentemente habló de su relación con Israel como a una relación de esposos [11]; por lo tanto, es entendible cómo la infidelidad de Israel hacia Dios provocaría a Dios a celos. Su respuesta a la idolatría de Israel es poética e inusual. Israel le dio celos a Dios al ir tras dioses falsos, así que Dios va a darle celos a Israel al ir tras otro pueblo. Israel adoró a dioses que «no eran dios». Como resultado, Dios irá tras un pueblo que «no es pueblo» para provocarles.

Pablo interpreta la profecía de Moisés como una predicción de que el evangelio iría a los gentiles. Israel provocó a Dios a ira al rechazar la salvación que les estaba ofreciendo. Dios respondió revelándose a los gentiles—a los que no eran parte del pueblo con el que había hecho un pacto. Sin embargo, la búsqueda que Dios hace de los gentiles no es un

---

[11] Ver Isaías 54:5; Jeremías 2:1; 3:14; 31:32; Oseas 2:7.

rechazo a Israel tampoco. Dios no rompió su pacto con Israel; por el contrario, simplemente lo expandió para incluir a los gentiles. La profecía de Moisés es profunda: Dios usará la idolatría de Israel para salvar a las naciones y luego usará a las naciones para provocar a Israel de manera que regresen a él. Esto es clave para entender la Gran Comisión. *Dios está buscando a las naciones porque él ama a las naciones y porque él quiere mostrarle misericordia a Israel.*

Israel debe sentirse provocada cuando ve a gentiles experimentando los beneficios de la herencia que era para ella. Es la situación clásica del niño al que no le importa un juguete viejo hasta que ve que alguien más está jugando con el. El ver a alguien más disfrutando algo que le pertenece a uno produce celos inmediatamente.

En el verso 18, Pablo resume la condición de Israel al hacer una pregunta retórica: «¿Es que no han escuchado?». Sin embargo, Israel escuchará de nuevo, y una de las maneras en las que escuchará es a través de mensajeros gentiles que participen de la herencia de Israel y le hablen a Israel acerca de su Dios.

Pablo continuó en el verso 20 citando a Isaías. Como Moisés, Isaías profetizó que Dios alcanzaría a los gentiles y les usaría a ellos como testigos para Israel:

> *E Isaías es muy osado, y dice: Fui hallado por los que no me buscaban; me manifesté a los que no preguntaban por mi. Pero en cuanto a Israel, dice: Todo el día he extendido mis manos a un pueblo desobediente y rebelde. (Romanos 10:20–21)*

> *Me dejé buscar por los que no preguntaban por mí; me dejé hallar por los que no me buscaban. Dije: "Heme aquí, heme aquí", a una nación que no invocaba mi nombre. Extendí mis manos todo el día hacia un pueblo rebelde, que anda por el camino que no es bueno, en pos de sus pensamientos; (Isaías 65:1–2)*

Pablo citó a Isaías debido al contexto de Isaías 65:1–2. Isaías 65 es la respuesta a la intercesión apasionada en Isaías 64, y la intercesión fue una respuesta a Isaías 63. En Isaías 63 le es dada a Isaías una profecía de Jesús como el gran Libertador de Israel quien destruiría a todos los enemigos de Israel:

¿Quién es éste que viene de Edom, de Bosra con vestiduras de colores brillantes; éste, majestuoso en su ropaje, que marcha en la plenitud de su fuerza? Soy yo que hablo en justicia, poderoso para salvar. (v. 1)

Isaías 63 describe el juicio de Dios sobre las naciones y su misericordia hacia Israel. Describe a Jesús como el gran Libertador de Israel—el Moisés mayor—quien salvará a Israel de todos sus enemigos.[12] La promesa dramática de liberación en Isaías 63 es seguida por la intercesión de Isaías y su gran angustia por la situación de Israel en Isaías 64:

¡Oh, si rasgaras los cielos y descendieras, si los montes se estremecieran ante tu presencia (como el fuego enciende el matorral, como el fuego hace hervir el agua), para dar a conocer tu nombre a tus adversarios, para que ante tu presencia tiemblen las naciones! Cuando hiciste cosas terribles que no esperábamos, y descendiste, los montes se estremecieron ante tu presencia. Desde la antigüedad no habían escuchado ni dado oídos, ni el ojo había visto a un Dios fuera de ti que obrara a favor del que esperaba en El. (vv. 1–4)

Isaías 64 empezó con un clamor de intercesión y terminó con la petición apasionada de Isaías para que el Señor tuviera misericordia de Israel y les llevara de regreso a concoerle:

No te enojes en exceso, oh Señor, ni para siempre te acuerdes de la iniquidad; he aquí, mira, te rogamos, todos nosotros somos tu pueblo… ¿Te contendrás ante estas cosas, oh Señor? ¿Guardarás silencio y nos afligirás sin medida? (vv. 9, 12)

Isaías derramó su corazón en Isaías 64 y terminó su intercesión con una pregunta final acerca de la condición de Israel: «¿Guardarás silencio y nos afligirás sin medida?». Isaías estuvo esperando una respuesta a su intercesión, e Isaías 65 empieza con la respuesta sorprendente de parte de Dios:

Me dejé buscar por los que no preguntaban por mí; me dejé hallar por los que no me buscaban. Dije: "Heme aquí, heme aquí", a una nación que no invocaba mi nombre... (v. 1)

---

12 Ver Isaías 63:1–6.

Dios respondió la intercesión de Isaías por Israel: se les revelaría a los gentiles. Esta respuesta debe haber sido increíblemente confusa para Isaías. Él tenia dolor por Israel, pero la respuesta de Dios fue una promesa para las naciones. La respuesta de Dios continuó en el verso 2:

Extendí mis manos todo el día hacia un pueblo rebelde,
que anda por el camino que no es bueno, en pos de sus pensamientos.

Pablo explicó que el «pueblo rebelde» al que Dios se refería en el pasaje era Israel,[13] y que Dios extendería sus manos a Israel mostrándoles misericordia a través de los gentiles. Los creyentes gentiles serían entonces la expresión de la compasión de Dios hacia el pueblo judío cuando ellos son un pueblo rebelde que sigue su propio camino en vez del camino de salvación establecido por Dios. *La profecía de Isaías, ultimadamente, fue una predicción del plan que Dios tenía de salvar a los gentiles por el bien de Israel.*

En Romanos 10, Pablo argumenta, partiendo de las profecías del Antiguo Testamento, que Dios usaría a gentiles de forma significativa para llevar a Israel a la salvación. Aunque el rechazo que tuvieron hacia Jesús pareciera ser un fracaso de la Palabra de Dios, la realidad era que la Palabra de Dios no había fallado. Por el contrario, aunque los profetas no lo entendieron, la Palabra de Dios predijo lo que le ocurriría a Israel siglos antes de que ocurriera. Predijeron que Israel tropezaría con el Libertador escogido por Dios. Predijeron que Dios se les revelará a los gentiles. También que los gentiles jugarían un rol decisivo en el llamado que Dios le haría a Israel para que regresaran a él.

Pero no es que la palabra de Dios haya fallado. (Romanos 9:6)

Aunque el rechazo de Israel hacia Jesús fue un evento devastador que llevó a Pablo a tener una angustia profunda, esto no representó una falla de las promesas de Dios, ni tampoco el final de la historia de Israel.

Romanos 10 es la explicación que Pablo hace de la comisión divina que tenía de ir a los gentiles. Tenía una gran angustia por ver a Israel obtener sus promesas, pero entendió por medio de las Escrituras que

---

13 Ver Romanos 10:21.

Israel las alcanzaría al ser provocado por los gentiles. *En la generación del tiempo de Pablo, no había en las naciones un remanente que amara a Jesús y pudiera provocar a Israel a celos, así que Pablo entendió que el evangelio tenía que extenderse entre los gentiles antes de que Israel pudiera ser salvo.* Pablo le dio prioridad a hablarle a los judíos acerca de Jesús, sabiendo que un remanente respondería, pero él también sabía que la salvación de Israel dependía de las naciones. Por lo tanto, la forma más efectiva que Pablo tenía de trabajar a favor de la salvación de la nación de Israel era predicando entre los gentiles hasta que pudieran provocar a celos a Israel.

A medida que Pablo laboró entre los gentiles, su corazón creció en amor profundo y afecto por ellos, y su carga apostólica creció para incluir a Israel y a las naciones. Pablo empezó teniendo carga por su propia gente y luego recibió la carga de Dios por los gentiles. La Iglesia gentil necesita este mismo tipo de revelación. *La Iglesia tiene una carga por las naciones. Ahora, necesitamos tener carga por Israel.*

Ya que Pablo conocía las Escrituras, también sabía que la salvación de Israel era parte del clímax de este siglo y que tendría un lugar importante en la transición de este siglo al siglo mesiánico, cuando Jesús gobierne a las naciones desde Jerusalén. Pablo entendió que el regreso de Jesús y su reino sobre las naciones estaban atados ineludiblemente a la salvación de Israel.[14] La angustia de Pablo también fue alimentada por su profundo deseo de ver el regreso de Jesús. Nosotros también necesitamos tener este anhelo profundo por el regreso de Cristo.

La carga de Pablo por Israel le llevó a sumergirse en las Escrituras, bajo la aflicción impuesta por Dios de ver lo que se requería para que Israel fuera salvo. *Pablo observó las predicciones de los profetas para poder entender mejor cómo cooperar con el plan de Dios, y nosotros estamos llamados a hacer la misma cosa.* Al buscar Pablo en las Escrituras, descubrió la gloria de la Gran Comisión y encontró lo que la Biblia tenía que decir acerca de la misión que Dios le había dado.

Un resumen de la misión de Pablo

Podemos resumir el entendimiento que Pablo tenía de su misión de la siguiente forma: *el don gratuito de salvación que se le está ofreciendo a los gentiles*

---

14 Ver Mateo 23:39; 24:30.

no es ni el fin de los propósitos únicos de Dios para Israel ni el cumplimiento de sus promesas para ellos, sino las maneras imprevistas —y sorprendentes— por las cuales Dios le entregará su herencia a Israel. Dios ama a Israel profundamente y hará todo lo que prometió de acuerdo a la elección divina que poseen como pueblo, pero Dios integró un glorioso misterio en el Antiguo Testamento: las promesas y la salvación de Israel están atadas inseparablemente al hecho de que los gentiles obtienen su salvación a través de las promesas hechas a Israel.

El plan de Dios para salvar a Israel es un «nuevo pacto», no como el pacto hecho en el Sinaí:

> *He aquí, vienen días —declara el Señor— en que haré con la casa de Israel y con la casa de Judá un nuevo pacto, no como el pacto que hice con sus padres el día que los tomé de la mano para sacarlos de la tierra de Egipto, mi pacto que ellos rompieron, aunque fui un esposo para ellos — declara el Señor (Jeremías 31:31–32)*

El pacto del Sinaí era un pacto especial que Dios hizo con Israel, y para poder participar de dicho pacto, las naciones tenían que volverse parte de Israel, lo cual era lo que hacían los gentiles prominentes del Antiguo Testamento. Rahab y Rut son ejemplos de ello. Ya que el Nuevo Pacto no es como el pacto hecho en el Sinaí, parte de su gloria es que se ha vuelto la forma en la que las naciones adquieren también la salvación.

Pablo confiadamente tomó las profecías acerca de la salvación de Israel e invitó a los gentiles a recibir la misma salvación porque entendió que los gentiles recibirían salvación a través de las promesas de Israel prometidas por Dios a Abraham en Génesis 12:3. No solo pueden los gentiles recibir salvación a través de las promesas hechas a Israel, sino que los gentiles deben recibir la salvación a través de dichas promesas para cumplir con el llamado que Dios les da de provocar a Israel para que regresen a su Dios.

Las naciones ahora disfrutan acceso a la salvación de Israel; sin embargo, las naciones deben recordar que el Nuevo Pacto fue dado para la salvación de Israel. El Nuevo Pacto es la manera en que tanto Israel como las naciones adquieren salvación, pero tiene un propósito específico para Israel. Esos propósitos específicos siguen vigentes.

He aquí, vienen días —declara el Señor— en que haré con la casa de Israel y con la casa de Judá un nuevo pacto (Jeremías 31:31)

El plan de Dios hará que las naciones se humillen. Los gentiles serán llamados a someterse al Dios de Israel y a reconocer la elección de Israel. Al mismo tiempo, Israel escuchará las buenas nuevas acerca de su Mesías de parte de los gentiles por medio de la Gran Comisión.

Las advertencias de Pablo

Después de explicar la misión a los gentiles en Romanos 10, Pablo da varias advertencias específicas en Romanos 11 concernientes a la arrogancia, al orgullo y a la ignorancia. El anticipó que su resumen de la misión que tenia de predicarle a los gentiles sería malentendida: habría gentiles que interpretarían el rechazo de Israel a Jesús, y por ende a su salvación, como indicadores de que la historia de Israel se había terminado. Las advertencias de Pablo son solemnes y especialmente importantes si es que estamos muy cerca de completar dicha misión de predicarle el evangelio a todos los pueblos.

Pablo enfatizó el hecho de que Dios no ha rechazado a su pueblo. De hecho, en toda la historia de Israel, hubo aquellos quienes, como Pablo, fueron parte de un remanente de creyentes. Pudiera parecer que Israel fue cortado por una temporada, pero solamente para que el evangelio pudiera extenderse entre los gentiles y el plan de llevar a Israel a su salvación pudiera cumplirse.

Digo entonces: ¿Acaso ha desechado Dios a su pueblo? ¡De ningún modo! Porque yo también soy israelita, descendiente de Abraham, de la tribu de Benjamín. Dios no ha desechado a su pueblo, al cual conoció con anterioridad. (Romanos 11:1–2a)

Israel no ha sido rechazado; sin embargo, Israel debe recibir el evangelio. Esto significa que la situación de Israel es una situación misiológica y debe ser una prioridad. Pablo esperaba que los gentiles respondieran a la situación de Israel predicándoles el evangelio a los judíos.

Pablo usó la historia de Elías para dejar una advertencia crucial:

Dios no ha desechado a su pueblo, al cual conoció con anterioridad. ¿O no sabéis lo que dice la Escritura en el pasaje sobre Elías, cómo suplica a Dios contra Israel: Señor, han dado muerte a tus profetas, han derribado

*tus altares; y yo solo he quedado y atentan contra mi vida? Pero, ¿qué le
dice la respuesta divina?: Me he reservado siete mil hombres que no han
doblado la rodilla a Baal. Y de la misma manera, también ha
quedado en el tiempo presente un remanente conforme a la elección de la
gracia de Dios. (Romanos 11:2–5)*

Elías se desesperó cuando creyó que era el único fiel en Israel, y
Dios tomó esto como una intercesión contra Israel. Elías no percibió el
remanente justo que quedaba en la nación y este fue un error muy
serio. Pablo nos advirtió de no cometer el mismo error al pasar por alto
el remanente salvo en Israel. Pablo sabía que, si los gentiles
consideraban a toda la nación de Israel como apóstatas, esta actitud
rápidamente produciría arrogancia y antisemitismo.

Dios, en su bondad por Israel, mantiene un remanente por su
gracia divina. Este remanente es un testimonio a los gentiles en cada
generación. Dios no ha abandonado las promesas hechas a Israel ni ha
olvidado el futuro de Israel. El remanente debe mantener a los gentiles
humildes al recordarles su lugar en el plan de Dios. La resistencia que
tuvo Israel ante el evangelio no simplemente es la «ignorancia» de los
judíos—es un evento producido divinamente. Por lo tanto, debemos
entender como llegó a suceder, entender cómo va a terminar, y evitar
todo tipo de arrogancia contra el pueblo judío:

*Entonces ¿qué? Aquello que Israel busca no lo ha alcanzado, pero los
que fueron escogidos lo alcanzaron y los demás fueron endurecidos; tal
como está escrito: DIOS LES DIO UN ESPÍRITU DE ESTUPOR, OJOS
CON QUE NO VEN Y OÍDOS CON QUE NO OYEN, HASTA EL DÍA
DE HOY. (Romanos 11:7–8)*

*Digo entonces: ¿Acaso tropezaron para caer? ¡De ningún modo! Pero por
su transgresión ha venido la salvación a los gentiles, para causarles
celos. Y si su transgresión es riqueza para el mundo, y su fracaso es
riqueza para los gentiles, ¡cuánto más será su plenitud! (vv. 11–12)*

*Pero si algunas de las ramas fueron desgajadas, y tú, siendo un olivo
silvestre, fuiste injertado entre ellas y fuiste hecho participante con ellas de
la rica savia de la raíz del olivo, no seas arrogante para con las ramas;
pero si eres arrogante, recuerda que tú no eres el que sustenta la raíz, sino
que la raíz es la que te sustenta a ti. (vv. 17–18)*

En Romanos 9, Pablo cuenta la historia trágica de aquellos que rechazaron la elección de Dios y terminaron siendo cortados de la familia. En Romanos 11, Pablo advierte a los gentiles para que no rechacen la elección de Israel ya sea por falta de entendimiento o debido a la condición de Israel. Pablo daba por sentado que sus lectores gentiles leerían Romanos 11:17–18 a la luz de Romanos 9, de esta forma ellos no resultarían siendo cortados de su participación en la salvación de Dios debido a la ignorancia, la ofensa o la arrogancia.

La conclusión de Pablo

Pablo «honró» o ensanchó su ministerio entre los gentiles y entendió que era parte del plan divino que ellos provocaran a Israel a celos. Pablo no tuvo que escoger entre el plan de Dios por Israel y el plan de Dios por las naciones. El laborar entre las naciones no estaba en conflicto con los propósitos de Dios para Israel. Era de hecho, una declaración de que estaba de acuerdo con los propósitos de Dios.

> *Pero a vosotros hablo, gentiles. Entonces, puesto que yo soy apóstol de los gentiles, honro mi ministerio, si en alguna manera puedo causar celos a mis compatriotas y salvar a algunos de ellos. (Romanos 11:13–14)*

Podemos resumir el entendimiento que Pablo tenia de Israel al resumir Romanos 11: Israel no ha sido rechazado. Todo lo que los profetas profetizaron acerca de Israel se cumplirá.

> *Digo entonces: ¿Acaso ha desechado Dios a su pueblo? ¡De ningún modo! Porque yo también soy israelita, descendiente de Abraham, de la tribu de Benjamín. (vv. 1–2)*

Los gentiles deben causarle celos a Israel para que Israel sea salvo.

> *Digo entonces: ¿Acaso tropezaron para caer? ¡De ningún modo! Pero por su transgresión ha venido la salvación a los gentiles, para causarles celos... si en alguna manera puedo causar celos a mis compatriotas y salvar a algunos de ellos. (vv. 11, 14)*

La salvación de Israel traerá el amanecer de la era mesiánica y la restauración de la creación.

> *Y si su transgresión es riqueza para el mundo, y su fracaso es riqueza para los gentiles, ¡cuánto más será su plenitud! .... Porque si el excluirlos*

a ellos es la reconciliación del mundo, ¿qué será su admisión, sino vida de entre los muertos? (vv. 12, 15)

La Iglesia gentil no puede ser ignorante de este misterio. Si somos ignorantes, no entenderemos el máximo propósito de la Gran Comisión.

Porque no quiero, hermanos, que ignoréis este misterio, para que no seáis sabios en vuestra propia opinión... (v. 25a)

Dios tiene un plan brillante para producir tanto la salvación de los judíos como la de los gentiles. La Gran Comisión va a resultar en «la plenitud de los gentiles»[15] y en la salvación de todo Israel.

Porque no quiero, hermanos, que ignoréis este misterio, para que no seáis sabios en vuestra propia opinión: que a Israel le ha acontecido un endurecimiento parcial hasta que haya entrado la plenitud de los gentiles; y así, todo Israel será salvo, como está escrito: El Libertador vendrá de Sión; apartará la impiedad de Jacob." (vv. 25–26)

Si somos ignorantes, nos volveremos sabios en nuestra propia opinión, lo que en contexto significa tener un punto de vista exaltado acerca de la Iglesia gentil y una actitud de arrogancia, ignorancia y animosidad contra Israel. Una expresión de esto se da cuando descuidamos a Israel haciéndola a un lado de la Gran Comisión.

El patrón para Israel es también el patrón para las naciones. No hay pueblo o grupo étnico que en sus propias fuerzas pueda alcanzar su destino ordenado por Dios. La salvación de cada una de nuestras naciones dependerá de la obediencia y de que las otras naciones hagan su parte en la misión global y viceversa. Estamos profundamente interconectados y somos interdependientes.

Cuando Pablo terminó su estudio acerca de la misión, estuvo maravillado por la sabiduría de Dios al entretejer la salvación de las naciones con la salvación de Israel. De la misma forma que Pablo, al nosotros comprender mejor a la Gran Comisión, nuestros corazones deberían explotar en adoración:

---

[15] Ver Apocalipsis 5:9; 7:9.

¡Oh, profundidad de las riquezas y de la sabiduría y del conocimiento de Dios! ¡Cuán insondables son sus juicios e inescrutables sus caminos! Pues, ¿quien ha conocido la mente del Señor?, ¿o quien llegó a ser su consejero?, ¿o quien le ha dado a El primero para que se le tenga que recompensar? (Romanos 11:33–35)

Pablo se maravilló ante la sabiduría de Dios. Si Dios puede obrar un bien tan inesperado a partir de la caída de Israel, ¿cuanto más bendición podrá él producir cuando llegue la hora de cumplir todas las promesas que él les ha hecho?

Isaac, Ismael, y la Gran Comisión

El Medio Oriente y la Gran Comisión

La Biblia cuenta una historia que comienza en el Medio Oriente. Predice que la historia de redención culminará también en el Medio Oriente. Vivimos en la primera generación en la historia en donde los eventos del Medio Oriente tienen impacto global, y esto es el principio de un cambio en el enfoque, llevándolo de vuelta a esta región. Debido al impacto que el Medio Oriente tiene en nuestros días, es importante para nosotros entender todo lo que la Biblia dice acerca del futuro del Medio Oriente.

En este momento,[1] es difícil no perder la esperanza cuando uno analiza lo que está sucediendo en esa parte del mundo. La situación es terrible y sin precedentes, y ahora ha provocado lo que se ha convertido en la crisis de refugiados más grande desde que terminó la Segunda Guerra Mundial. La población indígena de esa región, históricamente cristiana, ha sido decimada a través de matanzas y migraciones forzadas. Aunque hay razones para desalentarse, también hay razones bíblicas para sentir una gran esperanza. Una de esas razones para tener esperanza es el hecho de que Dios va a redimir la historia de Isaac e Ismael.

El error de Ismael

Como muchas otras historias en la Biblia, la historia de Ismael es complicada. En Génesis 16, a Agar se le da una profecía confusa acerca del futuro de Ismael:

> *El ángel del Señor añadió: Multiplicaré de tal manera tu descendencia que no se podrá contar por su multitud.   El ángel del Señor le dijo*

---

[1] 2017

además: He aquí, has concebido y darás a luz un hijo; y le llamarás Ismael porque el Señor ha oído tu aflicción. Y él será hombre indómito como asno montés, su mano será contra todos, y la mano de todos contra él, y habitará al oriente de todos sus hermanos. (vv. 10–12)

Ismael fue una respuesta a las oraciones de Agar. Dios escuchó su intercesión y le dio un hijo. Sin embargo, el futuro de su hijo no sería fácil. A Agar se le dijo que Ismael encararía conflicto y tendría un futuro difícil. Parte de este conflicto ha sido en relación al rechazo que Ismael tuvo de Isaac como hijo de la promesa.[2] Es importante notar lo que la Biblia dice y lo que no dice acerca de Ismael. La Biblia es clara al respecto: Isaac fue escogido por Dios como el hijo milagroso de Abraham, pero Ismael no fue rechazado.

Debemos ser muy cuidadosos de no referirnos a Ismael y sus descendientes como el «error de Abraham». Nunca debemos decirle a un niño o niña que son un error, independientemente de las circunstancias de su nacimiento. Lo mismo se aplica a las etnias o naciones. Aun en circunstancias que empiezan en pecado, debemos buscar la esperanza, el destino y el propósito. El Señor le habló a Agar dos veces acerca del futuro de su hijo para darle esperanza.[3]

Trágicamente, Ismael y Agar fueron forzados a abandonar el clan de Abraham. No fueron echados porque Dios haya rechazado a Ismael. Fueron echados porque Ismael se estaba «riendo» de Isaac. Pablo le llama a la risa de Ismael *«persecución»* en Gálatas 4, lo cual nos dice que Ismael se estaba burlando de su hermano menor.

Y Sara vio al hijo que Agar la egipcia le había dado a luz a Abraham burlándose de su hijo Isaac (Génesis 21:9) – N. del T: «riéndose» en la versión usada en inglés—

Pero así como entonces el que nació según la carne persiguió al que nació según el Espíritu, así también sucede ahora. (Gálatas 4:29)

Sara vio a Ismael burlándose de Isaac y forzó a Abraham a enviarlo a él y a su madre fuera del campamento. Fueron echados por el celo que Sara tenia de preservar el llamado de Isaac. Sara estaba preocupada

---

[2] Ver Génesis 21:9; Gálatas 4:29.

[3] Ver Génesis 16:10; 21:17–18.

de que el hermano mayor de Isaac tratara de amenazar el destino de Isaac. *No fue el rechazo de Dios a Ismael lo que hizo que Ismael fuera enviado fuera. Fue el rechazo de Ismael hacia Isaac lo que causó que Agar e Ismael fueran echados.*

El rechazo de Ismael hacia la elección de Isaac fue muy significativo, pero esto no es algo particular a Ismael. Muchas naciones han reprobado este examen y han resistido o se han burlado de los propósitos de Dios con Israel. Aun en la Iglesia, muchos han resistido la elección de Israel, la cual sigue vigente hasta el día de hoy. Debemos entender el error de Ismael, pero también reconocer lo mucho que se ha extendido este error en el mundo.

El rechazo de Ismael hacia Isaac fue un evento crítico que ha tenido implicaciones serias para Ismael y sus descendientes. Es la parte de la historia de Ismael que la mayoría conoce, pero no es la historia completa. *Debemos entender el error de Ismael y la promesa del futuro de Ismael y el plan que Dios tiene para redimirlo a pesar del pecado que cometió.*

La promesa de Ismael

La Biblia frecuentemente usa los nombres y las vidas de individuos como figuras proféticas de lo que les ocurrirá a sus descendientes. Por ejemplo, Jacob lucha, pelea con Dios, es liberado por su hijo y eventualmente es transformado en «Israel». En su vida, vemos una figura profética de la historia de la nación e Israel. Una cosa similar pasa con Ismael. Los eventos clave en la vida de Ismael prefiguran lo que va a pasarle a sus descendientes.

Agar había sido una esclava en la casa de Abraham. Esencialmente era una propiedad y tenía muy pocos derechos. No tenía la capacidad de escoger si quería o no tener el hijo de Abraham. El dar a luz a un hijo que heredaría la fortuna de su padre y que sería grande podría darle a Agar un sentido de significado y propósito. Era la única oportunidad que tenía de obtener dignidad. No es de sorprenderse que Agar le haya respondido a Sara de la manera en que lo hizo cuando quedó embarazada con Ismael:

> *Y él se llegó a Agar, y ella concibió; y cuando ella vio que había concebido, miraba con desprecio a su señora. (Génesis 16:4)*

El embarazo de Agar repentinamente le dio un sentido de orgullo. Esperaba que su hijo rescatara su identidad y le diera propósito. Esto causó que hiciera de menos a Sara y llenara la familia de Abraham con peleas y envidia. Sara respondió agresivamente al embarazo de Agar y Agar huyó hasta que el Ángel del Señor la envió de regreso a someterse a Sara. Agar regresó a la casa de Abraham, sin duda esperando que Dios redimiera su situación a través de su hijo.

Las cosas no ocurrieron como Agar había esperado. El rechazo de Ismael hacia Isaac hizo que Agar e Ismael fueran expulsados, y esto destruyó las esperanzas que Agar tenía. Debido a su pecado y al de su hijo, ahora estaba destituida y había perdido la oportunidad de obtener dignidad o cualquier tipo de redención social.

Después de que Agar e Ismael fueron enviados lejos, Agar estaba llena de tanta desesperación acerca del futuro de su hijo que le dejó a solas para que muriera. Esta es una reacción extrema para una madre, y revela la profundidad del dolor y angustia que Agar estaba experimentando. No podía aguantar el ver morir a su hijo, lo cual indica que se sentía desesperanzada y convencida de que moriría,

> *Y el agua en el odre se acabó, y ella dejó al muchacho debajo de uno de los arbustos, y ella fue y se sentó enfrente, como a un tiro de arco de distancia, porque dijo: Que no vea yo morir al niño. Y se sentó enfrente y alzó su voz y lloró. (Génesis 21:15–16)*

Al llorar Agar, el Ángel del Señor repentinamente se le apareció con una poderosa promesa:

> *Y oyó Dios la voz del muchacho que lloraba; y el ángel de Dios llamó a Agar desde el cielo, y le dijo: ¿Qué tienes, Agar? No temas, porque Dios ha oído la voz del muchacho en donde está. Levántate, alza al muchacho y sostenlo con tu mano; porque yo haré de él una gran nación. (vv. 21:17–18)*

Cuando en su desesperación Agar huyó de Sara, el Ángel del Señor se le apareció para darle esperanza.[4] Esta fue la primera aparición del Ángel del Señor en la Biblia lo cual nos muestra lo importante que es la historia de Agar e Ismael. La segunda vez, Agar no estaba huyendo; la habían forzado a irse. El hecho de que el Ángel del Señor se le

---

[4] Ver Génesis 16:11–12.

apareciera otra vez para darle una promesa y una salida indica lo serio que es el destino de Ismael para el Señor.

El Ángel del Señor le prometió a Agar que Ismael se convertiría en una gran nación. La palabra usada aquí para grandeza es la palabra hebrea גָדוֹל (*gadol*) no es una palabra que simplemente signifique «numeroso». Por ejemplo, la palabra es usada para describir a Dios cuando se encuentra la frase «Dios es grande». Describe la naturaleza de una cosa. Tiene dimensiones cualitativas.

La promesa de Dios a Agar no solamente fue una promesa de muchos descendientes. El prometió que los descendientes de Ismael se convertirían en una nación verdaderamente grande. El propósito de esta promesa era el darle a Agar la valentía para creer que el futuro de su hijo no era totalmente desesperanzador. No hubiera sido un consuelo el decirle a Agar que le dijera a Ismael que tendría muchos descendientes pero que en su mayoría serían, más que nada, gente malvada.

En Génesis 16 a Agar no se le da este tipo de promesa. Se le da una predicción acerca del futuro de su hijo, una promesa mezclada acerca de un conflicto futuro. Sin embargo, en Génesis 21, Dios le da a Agar la promesa de que los descendientes de su hijo adquirirían grandeza. Génesis 16 y Génesis 21 predicen aspectos diferentes del futuro de Ismael, y ambos son ciertos.

¿Por qué le dio Dios a Agar diferentes promesas para Ismael en Génesis 21 y en Génesis 16? Es posible que la respuesta de Agar al Señor en Génesis 16 haya establecido el contexto para la promesa que recibió en Génesis 21. En Génesis 16, el orgullo de Agar por su embarazo había hecho que Sara la despreciara y la tratara mal. Agar respondió huyendo de Sara, pero el Ángel del Señor la detuvo en el desierto. Le habló de Ismael y le dio un mandamiento difícil:

> *…y le dijo: Agar, sierva de Saraí, ¿de dónde has venido y a dónde vas? Y ella le respondió: Huyo de la presencia de mi señora Saraí. Y el ángel del Señor le dijo: Vuelve a tu señora y sométete a su autoridad (Génesis 16:8–9)*

El Ángel del Señor le dijo a Agar que regresara y se sometiera a Sara. El huir de Sara y luego regresar a ella hizo que su situación fuera todavía más humillante de lo que ya era, pero Agar se sometió al Señor y le obedeció. El Señor había escogido a Sara para ser la madre del hijo de la promesa, y Dios le pidió a Agar que se sometiera a Sara por el llamado de Sara, no por la conducta de Sara. *La sumisión de Agar hacia Sara fue un reconocimiento del llamado redentor en la vida de Sara.*

La promesa de Dios a Agar acerca de su hijo muy probablemente es el resultado de la disposición de Agar a someterse al plan de redención de Dios. La segunda vez que Agar se encontró en el desierto, no fue por culpa de ella. Había sido forzada a salir de su casa por las acciones de su hijo. En su humillación, el Señor le dio una promesa. Muy probablemente una de las razones por las que el Señor le dio esta promesa fue porque se había sometido a su plan de redención aun cuando le había costado y le había resultado difícil de tragar.

La promesa de Dios le dio esperanza a Agar. Su situación produciría bendición. Dios le ayudaría. Los descendientes de Ismael se han vuelto un pueblo numeroso, pero todavía no son un «gran» pueblo. La promesa sigue sin cumplirse, pero debe cumplirse antes de que termine el siglo. Dios permanece comprometido a la promesa que le hizo a Agar tanto como sigue estando comprometido con la promesa que le hizo a Israel. Como veremos, ambas están conectadas.

Aunque Agar tenía una agonía tremenda por su situación, y se había sometido al mandamiento del Señor anteriormente, cuando el Señor le habla en Génesis 21 fue debido al clamor de Ismael:

Y oyó Dios la voz del muchacho que lloraba (Génesis 21:17)

Además, el nombre de Ismael significa «el Señor escucha», y su nombre apunta a su destino. A la luz del significado del nombre de Israel, Génesis 21 es una sombra profética de su destino. El está llamado a la intercesión. Génesis 21 también nos da una figura de cómo Dios va a cumplirle la promesa a Ismael. Ismael estaba en el desierto porque había rechazado los propósitos de Dios para Isaac. Estaba sufriendo a causa de su propio pecado. Al estar sufriendo, elevó un clamor, y el Señor lo escuchó. El clamor de Ismael es la clave para su destino. Es lo que hizo que el Señor le hablara a Agar.

No es un accidente que los descendientes de Ismael sean conocidos por su dedicación a la oración. El Señor va a redimir el llamado de Ismael. Mucho de la dificultad que los descendientes de Ismael han soportado ha sido un intento de destruir su destino. Sin embargo, el Señor va a traer a los descendientes de Ismael a un lugar en donde su dolor por estar aislados de la familia les haga desatar un clamor delante del Señor. El Señor escuchará ese clamor y cumplirá su promesa de hacer de sus descendientes un gran pueblo.

El segundo indicador de cómo Dios restaurará a Ismael se encuentra en la historia de Agar. Agar estuvo dispuesta a someterse a lo que el Señor le estaba pidiendo, y esto creó el contexto para que el Señor le infundiera una palabra de esperanza a la historia de Ismael. La respuesta de Agar en Génesis 16 hizo que Ismael recibiera la promesa. Esta es posiblemente una figura de cómo Dios restaurará a Ismael. Hará que las mujeres se arrepientan de primero. El acercará a las mujeres a sí mismo, y a medida que se arrepientan y sean salvas, ellas jugarán un rol crítico en la salvación de Ismael.[5]

Es importante que entendamos este drama divino para poder abarcar los propósitos de Dios para las naciones a medida que el enfoque de la Iglesia se vuelve cada vez más y más hacia el Medio Oriente y el rol que las naciones juegan en el plan redentor. Dios va a desatar un rompimiento en las naciones que jugará un papel clave en la salvación de Ismael, lo cual a su vez jugará un rol importante en la salvación de Israel.

El plan de Dios para la redención familiar

Parte de entender la batalla contra las promesas de Ismael es el reconocer la historia increíble que Dios diseñó en torno a la redención familiar. La controversia familiar que empezó en las carpas de Abraham se encamina hacia una resolución impresionante, y esta resolución depende de que Ismael alcance sus promesas. El enemigo sabe la importancia de esto, y esa es la razón por la que existe tanta batalla para que Ismael no alcance estas promesas.

Los problemas de Ismael empezaron cuando rechazó la elección de Dios de Isaac como el hijo a través del cual se cumpliría el pacto hecho a Abraham. Como hermano mayor, Ismael rechazó el llamado de su hermano menor. Consecuentemente, tenía que ser echado de la casa de Abraham. Esto causó un profundo sentido de orfandad para los descendientes de Ismael. Hay una herida profunda a raíz de haber sido expulsados fuera de la familia, y esto ha causado un sufrimiento tremendo para los descendientes de Ismael. El enemigo ha intentado

---

[5] Como un ejemplo de cómo esto podría ocurrir, vemos que las mujeres son frecuentemente las primeras en recibir el evangelio en naciones opresivas.

destruir los destinos de Ismael y de Isaac al explorar la crisis familiar a través de la envidia, las peleas y la calamidad. La situación parece no tener esperanza, pero el Señor va a hacer algo glorioso, y Génesis 21 nos da una vislumbre de lo que está por venir.

En Génesis 21, Ismael clama—un clamor por su destino—porque había sido expulsado de la familia de Abraham. A medida que nos acercamos al fin de este siglo, los descendientes de Ismael, abrumados por el dolor de siglos y siglos, van a soltar un clamor y el Señor va a escuchar ese clamor y va a cumplir la promesa a Ismael. El Ángel del Señor respondió al clamor de Ismael en Génesis 21, y el Señor volverá a responder a su clamor.

A través de Jesús, un remanente poderoso de los descendientes de Ismael será restituido a la familia, y la promesa de grandeza que Dios le hace a Ismael será cumplida. Los descendientes salvos de Ismael van a ser testigos poderosos para Israel, y esto es parte de la poesía en el plan redentor de Dios por Israel y las naciones.

A Ismael le echaron de la familia de Abraham porque rechazó al que Dios había escogido. De la misma manera, Israel ha sido, en cierto sentido, echado fuera de la familia de Dios debido a su ofensa contra el que Dios escogió—Jesús. Los descendientes de Ismael nacieron para ser parte de la familia de Abraham, y los descendientes de Isaac nacieron para ser parte del pacto único de Dios con Isaac. Ambos están lejos de su llamado debido a la ofensa que tienen con respecto a la elección de Dios.

Sin embargo, en los días venideros, Dios va a traer de vuelta a la familia a muchos de los descendientes de Ismael. El hijo que había sido cortado de la familia será traído de vuelta al recibir a Jesús. Dios va a usar esto para darle un testimonio poderoso a Israel.

El pueblo que fue forzado a abandonar la familia va a hablarle tiernamente a los descendientes de Isaac que también han sido cortados de la familia. *Los descendientes de Ismael van a ver a los descendientes de Isaac y van a decirles, «Dios me trajo de vuelta a la familia a través de Jesús, y él puede hacer lo mismo contigo»*

Pablo describió el plan de Dios de usar a los gentiles para provocar a Israel en Romanos 10–11, y la historia de Ismael es parte de esta provocación. Dios usará a las naciones, pero también usará a Ismael de una forma única para provocar a su hermano a salvación. Necesitamos entender este propósito par comprender lo que Dios está haciendo en el Medio Oriente a través de la Gran Comisión.

La predicción profunda de Pablo—la provocación

La promesa de Ismael es parte de la provocación de Israel por parte de los gentiles a la que Pablo se refirió:

Digo entonces: ¿Acaso tropezaron para caer? ¡De ningún modo! Pero por su transgresión ha venido la salvación a los gentiles, para causarles celos. (Romanos 11:11)

Pero a vosotros hablo, gentiles. Entonces, puesto que yo soy apóstol de los gentiles, honro mi ministerio, si en alguna manera puedo causar celos a mis compatriotas y salvar a algunos de ellos. (vv. 13–14)

El poder del evangelio fluirá a través de gentiles que le expresarán el amor de Jesús de vuelta al pueblo judío, y el pueblo judío verá algo entre los gentiles que solamente Dios puede hacer. *Jesús transformará de tal manera a estos gentiles que los judíos que se topen con ellos no podrán encontrar otra respuesta para esta transformación más que el Dios de Israel.* Será una gran demostración de amor sobrenatural que supera las barreras naturales e históricas entre judío y gentil. Será algo que rompa con el orgullo y la resistencia al mensaje de Jesús como el Mesías de Israel.

En vez de pelear contra los propósitos únicos de Dios para el pueblo judío, los gentiles se pondrán de acuerdo con las promesas de Dios y harán su prioridad el expresar el amor de Dios al pueblo judío a medida que contienden por el destino que tienen como el pueblo del pacto. La forma en que esto sucederá dejará boquiabierto al pueblo judío. Será tan deslumbrante que hará que reconsideren la resistencia que han tenido contra Jesús como su Mesías.

Pablo predijo que Israel, como nación, no sería salva hasta que los creyentes gentiles llegaran a «su plenitud» y fueran capaces de entregar su testimonio predicándoles al pueblo judío.

Porque no quiero, hermanos, que ignoréis este misterio, para que no seáis sabios en vuestra propia opinión: que a Israel le ha acontecido un endurecimiento parcial hasta que haya entrado la plenitud de los gentiles; y así, todo Israel será salvo; tal como está escrito: El Libertador vendrá de Sion; apartará la impiedad de Jacob. (Romanos 11:25–26)

El plan de Dios es un misterio. La forma que Él ha escogido para dar salvación a los gentiles y a los judíos es un plan que ningún hombre hubiese escogido. No le hace sentido al intelecto humano, pero «esta es la forma en la que Israel será salvo». *Primero, los gentiles llegarán a su plenitud, luego estos gentiles provocarán al pueblo judío a celos para que reciban la misma salvación que los gentiles han recibido, y finalmente Dios salvará a Israel.*

Las implicaciones de la predicción de Pablo

Aunque Romanos 9–11 nos ayuda a entender mejor cómo Pablo percibía el futuro del pueblo judío, estos capítulos también tienen implicaciones profundas para el futuro de los gentiles. Más específicamente, la predicción de Pablo nos ayuda a entender el futuro de la Gran Comisión en el Medio Oriente.

Presentemente, casi el 50 por ciento de los judíos viven en la nación de Israel. Basados en el aumento del antisemitismo a nivel mundial, se espera que la migración judía al estado de Israel crezca durante las próximas décadas. Esto significa que es muy posible que veamos a la mayoría de los judíos viviendo en el Estado de Israel en los próximos veinte o treinta años.

La provocación que Pablo describió en los capítulos 10–11 requiere profundidad de relación y de proximidad. Requiere mucho más de que solamente Israel escuche el evangelio; implica que encuentren poder de transformación del evangelio en los gentiles con los que se relacionan y con los que interactúan. Por ende, si la mayoría del pueblo judío estará en Israel en las próximas décadas, significa que serán provocados a celos primordialmente por los gentiles viviendo entre ellos en el Estado de Israel y en el Medio Oriente.

La predicción de Pablo no es solo una predicción de la salvación de Israel, también es una predicción de una comunidad substancial de creyentes gentiles en el Medio Oriente que llegarán «a su plenitud»[6] en cantidad y en calidad de fe. El Estado de Israel está rodeado por los descendientes de Ismael, así que la predicción de Pablo es una predicción profunda de un gran avivamiento entre los descendientes de Ismael que resultará en que ellos les prediquen el evangelio a Israel.

La predicción de Pablo es asombrosa cuando consideramos los siglos de conflicto entre gentiles y judíos, y más específicamente entre

---

6 Ver Romanos 11:25–26.

Isaac e Ismael. En los días venideros, veremos un gran avivamiento entre los hijos de Ismael—un avivamiento tan grande que los descendientes de Ismael les hablarán a los judíos acerca de su destino. *Un pueblo que llegó a existir por rechazar el llamado de Isaac terminará hablándole tiernamente a Isaac acerca de su llamado y provocando a Isaac a regresar a la familia a través de Jesús.*

La salvación de Ismael es extremadamente importante. La salvación de Ismael—el que se vuelvan una gran nación—jugará un aparte importante en la salvación de Israel la cual a su vez juega una parte importante en el regreso de Jesús. Esto explica el porqué el enemigo está tan interesado en prevenir que Isaac e Ismael alcancen salvación. Sin embargo, Dios les va a salvar para cumplir sus propósitos.

La promesa de redención

La historia de Agar e Ismael provee una figura profunda del deseo que Dios tiene de redimir a las naciones. Agar era una mujer enredada en una situación que no escogió. Como esclava, no podía escoger sino tenía que obedecer a su amo, y esa obediencia ultimadamente hizo que lo perdiera todo. El tener un hijo era su única oportunidad de ser redimida, pero su orgullo y el pecado de Ismael acabaron con cualquier esperanza que ella haya tenido.

La promesa del Señor de sacar algo bueno de la situación de Agar es una demostración profunda de su bondad. Agar no vio el cumplimiento de esta promesa durante su vida, pero la promesa de grandeza fue una declaración de parte del Señor. El produciría bendición a partir de una situación desoladora.

La respuesta del Señor al clamor de Ismael también es una demostración profunda de la misericordia del Señor. Ismael tenia dos cosas en su contra. De primero, su nacimiento fue el resultado de la tibieza de Abraham. El no era el hijo de la promesa. En segundo lugar, él había pecado al rechazar la elección que Dios había hecho de Isaac.

La historia de Agar e Ismael es una historia poderosa para todo aquel que está en una situación desesperada. Es una historia que también le da esperanza a los que han rechazado el plan de Dios debido a su circunstancia. Nos da una esperanza profunda para las naciones impías. Dios puede redimir naciones—aun aquellas que han pecado seriamente y aquellas que han tenido un comienzo aparentemente equivocado. Esto es combustible para la Gran Comisión. Dios va a redimir a toda tribu y lengua. Toda nación tiene un propósito redentor en el plan de Dios.

Hay mucho por hacer antes de que veamos el cumplimiento de lo que Pablo predijo en Romanos 11, pero la Biblia nos da esperanzas tremendas para el futuro.

COMPLETANDO LA GRAN COMISIÓN

Cómo entender la Gran Comisión

Ya que vivimos en la primera generación en la historia en donde es posible evangelizar a cada nación, es crítico que entendamos todo lo que la Gran Comisión requiere. *Algunas veces, la Gran Comisión es reducida a evangelismo, pero es mucho más que ello.* Es un mandamiento a discipular a las naciones y obedecer todo lo que Jesús enseñó:

> *Id, pues, y haced discípulos de todas las naciones, bautizándolos en el nombre del Padre y del Hijo y del Espíritu Santo, enseñándoles a guardar todo lo que os he mandado; y he aquí, yo estoy con vosotros todos los días, hasta el fin del mundo (Mateo 28:19–20)*

No habremos completado la Gran Comisión hasta que hayamos discipulado a las naciones a obedecer las enseñanzas de Jesús. Mateo 24 y 25—pasaje conocido como el «discurso del Monte de los Olivos»—es uno de los pasajes clave para entender lo que se requiere para completar la Gran Comisión ya que estos dos capítulos son la respuesta que Jesús le da a la pregunta que hacen los discípulos acerca de lo que tendría que ocurrir para que el regreso de Jesús pudiera darse.

> *Y estando Él sentado en el monte de los Olivos, se le acercaron los discípulos en privado, diciendo: Dinos, ¿cuándo sucederá esto, y cuál será la señal de tu venida y de la consumación de este siglo? (Mateo 24:3)*

La respuesta de Jesús tomó a la Gran Comisión y la puso en el contexto de lo que se requiere para que llegue el fin de los tiempos. Esto es un aspecto importante que frecuentemente se pasa por alto. *El máximo propósito de la Gran Comisión es el preparar a la tierra para el regreso de*

Jesús. El solamente evangelizar a las naciones, por ende, no es suficiente para cumplir con la Gran Comisión. Debemos prepararlos para lo que la Biblia dice que vendrá. Pasajes como Mateo 24 y 25 nos dan información crucial acerca de lo que se necesita para el fin de los tiempos y el regreso de Jesús, y debemos discipular naciones para entender y obedecer pasajes como este y que puedan ver claramente que son parte de la Gran Comisión.

Parte de la tarea de la Gran Comisión es tomar los pasajes que hablan del fin de los tiempos en la Biblia y discipular a la Iglesia en base a lo que la Biblia dice que ocurrirá. Por ejemplo, ya que el libro de Apocalipsis dice que la Iglesia estará conformada por gente de toda tribu y lengua,[1] nos esforzamos trabajando para ver que el evangelio alcance a toda nación. *Mientras más cerca estemos al regreso de Jesús, más debemos entender temas similares escatológicos para poder llevar a la Iglesia a la meta final.*

Mateo 24:14

Mateo 24:14 probablemente es el verso mejor conocido del sermón:

> *Y este evangelio del reino se predicará en todo el mundo como testimonio a todas las naciones, y entonces vendrá el fin.*

Jesús predijo que el «evangelio del reino» debe ser proclamado en todo el mundo—a toda nación. El «evangelio del reino» es un mensaje específico de buenas nuevas que debe ser proclamado a todo pueblo. El entender este verso en su contexto nos ayuda a obtener una mejor perspectiva de cómo se verá cuando la Gran Comisión sea completada.

Mateo 24:14 es parte de una narrativa que empieza en Mateo 21, cuando Jesús entró a la ciudad de Jerusalén, sobre una asna como el profeta Zacarías predijo que lo Mesías lo haría[2]:

> *Decid a la hija de Sion: "Mira, tu Rey viene a ti, humilde y montado en un asna, y en un pollino, hijo de bestia de carga."… Y las multitudes que iban delante de El, y las que iban detrás, gritaban, diciendo: ¡Hosanna al Hijo de David! ¡Bendito el que viene en el nombre del Señor! ¡Hosanna en las alturas! (Mateo 21:5, 9)*

---

[1] Ver Apocalipsis 5:9; 7:9.

[2] Ver Zacarías 9:9.

La gente estaba gritando alabanzas al «Hijo de David» como una declaración de su expectativa mesiánica. Aunque el liderazgo de la ciudad terminó rechazando a Jesús, Mateo registró este evento como una figura profética del día en que Jesús sería recibido como Rey sobre Jerusalén. (El evangelio de Mateo fue escrito para los judíos, así que muchas veces él se refirió a Jesús como al heredero de David[3]).

Mateo del 21 al 23 contiene los eventos inusuales de la entrada triunfal a la ciudad. La gente gritaba alabanzas a medida que Jesús entraba a la ciudad, pero las cosas cambiaron rápidamente poco tiempo después. Jesús reprendió a los líderes de Jerusalén y expuso la resistencia que le tenían. Jesús entró a Jerusalén como su Rey, pero él fue rechazado. Su respuesta a este rechazo fue el predecir que gobernaría en Jerusalén solo cuando fuera recibido como tal[4]. Jesús afirmó su identidad como Rey de Jerusalén, pero hizo que su reinado desde Jerusalén dependiera del arrepentimiento de Israel. Se requiere este trasfondo para poder entender completamente los capítulos 24 y 25 de Mateo.

Mateo 24 empieza con las preguntas dolorosas de los discípulos desilusionados de Jesús. Habían visto a Jesús entrar a Jerusalén de la forma en que Zacarías predijo que el Rey entraría, pero Jesús parecía estar diciendo que todavía no era tiempo de que Él reinara desde Jerusalén. Confundidos y abatidos, ellos le preguntaron a Jesús cuando establecería su reino en Israel:

> *Y estando El sentado en el monte de los Olivos, se le acercaron los discípulos en privado, diciendo: Dinos, ¿cuándo sucederá esto, y cuál será la señal de tu venida y de la consumación de este siglo? (Mateo 24:3)*

Su pregunta era simple: Si la entrada de Jesús a Jerusalén no fue el principio de su reino en la tierra, ¿qué se requeriría para que su gobierno pudiera empezar? Mateo 24 y Mateo 25 es la respuesta de Jesús a sus discípulos, y está toma en cuenta la expectativa que ellos tenían del reino prometido a Israel. Jesús les dio a sus discípulos la seguridad de que el reino llegaría, justo como había sido profetizado.

---

3 Ver Mateo 9:27; 12:23; 15:22; 20:30–31; 21:9, 15; 22:42.

4 Ver Mateo 23:39.

Sin embargo, también había una tarea que debía completarse antes de que el reino prometido pudiera llegar. Mateo 24:14 resume la tarea, y pone el fundamento para la Gran Comisión.

El evangelio del reino

Hay muchos aspectos del reino que son buenas noticias, pero Jesús tenía en mente un mensaje específico. Los eventos de Mateo 21 al 23 establecen el contexto. Las buenas nuevas a las que Jesús se refiere en Mateo 24:14 son las buenas nuevas de que Jesús reinará sobre las naciones desde Jerusalén:

> *Y este evangelio del reino se predicará en todo el mundo como testimonio a todas las naciones, y entonces vendrá el fin.*

Toda tribu y lengua debe escuchar las buenas nuevas de que todas las promesas que hicieron los profetas en cuanto al Rey de Israel se cumplirán, y que Jerusalén se convertirá en la alabanza de toda la tierra[5]. La promesa de un Rey venidero que gobernaría desde Jerusalén es una pieza central del evangelio—las «buenas nuevas»—que debemos llevar a las naciones.

El evangelio es un mensaje de esperanza, y el evangelio bíblico es mucho más que el evangelio de la salvación personal. Es la esperanza de un Rey que vendrá a salvar a Israel y las naciones. *La promesa de salvación individual es increíble, pero el evangelio es mucho más que eso.* Debemos proclamar a las naciones que Jesús es un Rey justo como los apóstoles lo hicieron:

> *y Jasón los ha recibido, y todos ellos actúan contra los decretos del César, diciendo que hay otro rey, Jesús. (Hechos 17:7)*

La identidad de Jesús como Rey es una parte central del evangelio, y este es el porqué la pregunta de si él es un Rey legítimo o no fue un tema primordial de la crucifixión[6]:

> *Y Jesús compareció delante del gobernador, y éste le interrogó, diciendo: ¿Eres tú el Rey de los judíos? Y Jesús le dijo: Tú lo dices. (Mateo 27:11)*

---

[5] Ver Isaías 62:7.

[6] Ver Mateo 27:11, 29, 37, 42; Marcos 15:2, 9, 12, 18, 26, 32; Lucas 23:2–3, 37–38; Juan 18:33, 37, 39; 19:3, 14–15, 19, 21.

Y tejiendo una corona de espinas, se la pusieron sobre su cabeza, y una caña en su mano derecha; y arrodillándose delante de El, le hacían burla, diciendo: ¡Salve, Rey de los judíos! Y escupiéndole, tomaban la caña y le golpeaban en la cabeza. (v. 29)

Y pusieron sobre su cabeza la acusación contra El, que decía[n]: ESTE ES JESUS, EL REY DE LOS JUDIOS. (v. 37)

Pilato entonces le preguntó, diciendo: ¿Eres tú el Rey de los judíos? Y Jesús respondiéndole, dijo: Tú lo dices. (Lucas 23:3)

Y era el día de la preparación para la Pascua; era como la hora sexta[a]. Y Pilato dijo a los judíos: He aquí vuestro Rey. (Juan 19:14)

La identidad de Jesús como Rey es un tema tan central en su muerte, que murió bajo un letrero que decía «Rey de los judíos»:

Pilato también escribió un letrero y lo puso sobre la cruz. Y estaba escrito: JESUS EL NAZARENO, EL REY DE LOS JUDIOS. (Juan 19:19)

Y pusieron sobre su cabeza la acusación contra El, que decía: ESTE ES JESUS, EL REY DE LOS JUDIOS. (Mateo 27:37)

Y la inscripción de la acusación contra El decía: EL REY DE LOS JUDIOS. (Marcos 15:26)

Había también una inscripción sobre El, que decía: ESTE ES EL REY DE LOS JUDIOS. (Lucas 23:38)

Cada detalle de la crucifixión de Jesús estuvo cuidadosamente preparado por Dios.[7] Jesús pudo haber muerto bajo un rótulo que dijera diversas cosas, pero al sufrir, su Padre escogió el describirle como el Rey de Israel. Esto significa que su identidad como Rey de Israel no es una cuestión secundaria; es central a quien es Jesús y debe ser central en la proclamación del evangelio.

Las buenas nuevas del evangelio es mucho más que redención personal; es también el compromiso de Dios de poner a su Hijo en un lugar donde pueda reinar

---

[7] Ver Hechos 2:23.

a todas las naciones desde Jerusalén como Rey de Israel.[8] Parte de la tarea de la Gran Comisión es el proclamar a las naciones la gloria del Rey que Dios escogió , y ese mensaje producirá un pueblo que ame a Jesús como Rey en todas las naciones y quienes se identifiquen con Él y con su reino más de lo que se identifican con las nacionalidades con las que nacieron.

Antes de que Él regrese a juzgar, Jesús le ofrecerá a cada pueblo la oportunidad de volverse de su pecado y de aceptarlo como Rey. Esta es una expresión de la misericordia de Dios. Ya que Jesús regresará como el Rey de Israel, parte de volverse a Jesús es recibirle como a Rey de Israel. Cuando fallamos en recibir a Jesús de esta manera, nos perdemos de parte crucial de su identidad.

Debe ser predicado

Las buenas noticias de Jesús y su reino deben ser *proclamadas.*

> *Y este evangelio del reino se predicará en todo el mundo como testimonio a todas las naciones, y entonces vendrá el fin. (Mateo 24:14)*

Jesús usó la palabra *predicar* (N. del T.: «proclamar» en la versión en inglés) porque tenía un significado muy específico. La palabra se usó para referirse a la actividad de un heraldo en el mundo antiguo. Los heraldos eran necesarios en la antigüedad para los mensajes de la realeza.

Ya que no existían los medios de comunicación en ese entonces, el mensaje de un rey se le daba a un heraldo quien lo anunciaba en voz alta para que la gente lo pudiera escuchar. Cuando un rey quería visitar una ciudad, enviaba a su heraldo antes para preparar su llegada. El heraldo entonces llevaba el mensaje del rey e instruía a la gente para que se preparara para recibir al rey.

Jesús describió la tarea de la Iglesia de esta forma porque la Iglesia está llamada a ir a las naciones de la tierra y enseñarles a prepararse para el regreso de Jesús. Esto es lo que significa hacer discípulos de todas las naciones para que obedezcan lo que Jesús mandó. *Así como los reyes de la antigüedad necesitaban heraldos que fueran delante de ellos, Jesús ha ascendido al cielo y le ha dado a la Iglesia la tarea de ir antes y preparar a la tierra para su llegada.*

---

[8] Ver Salmos 2:6–8; 110:1–2.

Cuando Jesús vino la primera vez, estuvo escondido de la vida pública durante casi treinta años. Cuando llegó el tiempo para ser conocido, Dios envió a un hombre llamado Juan a preparar al pueblo para encontrarse con Jesús. Juan le imploró a Israel a llegar a un acuerdo con Dios para que pudieran estar preparados para la llegada del Hijo de Dios.

Jesús actualmente está escondido de la vista de las naciones, y la tarea de la Iglesia es muy similar a la tarea de Juan el Bautista. Somos llamados a preparar a las naciones para el regreso de Jesús. Imploramos a las naciones a que se pongan de acuerdo con Jesús antes de que él regrese y desate sus juicios. Este es un aspecto de la Gran Comisión que frecuentemente es pasado por alto, pero está en el centro de la misma. *La Gran Comisión no se completará hasta que las naciones hayan sido preparadas para el regreso de Jesús.* Por lo tanto, debemos entender lo que se requiere para preparar a las naciones para Jesús.

El testimonio de la Gran Comisión a todas las naciones antes de que llegue el fin

Cuando llegó el tiempo para que Dios liberara al Israel antiguo de Egipto, él envió a Moisés y Aarón como mensajeros a Egipto. Le dijeron a Faraón lo que Dios quería y le instruyeron a cooperar con Dios. Faraón se rehusó y Dios respondió desatando sus juicios. Cuando los juicios de Dios llegaron, el Faraón nunca dudó acerca del origen de estos problemas para Egipto ni de lo que Dios quería.

De la misma manera, Dios no desatará sus juicios en el tiempo del fin hasta que las naciones hayan sido advertidas e instruidas a cooperar con Dios:

> *Y este evangelio del reino se predicará en todo el mundo como testimonio a todas las naciones, y entonces vendrá el fin. (Mateo 24:14)*

Nuestra misión es como la misión que Dios le dio a Moisés. Debemos instruir a las naciones acerca de la liberación venidera de Dios y llamar a las naciones a cooperar con los propósitos de Dios.

La predicación del evangelio del reino a todas las naciones no solo es un ofrecimiento de misericordia a las naciones, sino también es una advertencia a las naciones. La palabra *testimonio* en Mateo 24:14 es la palabra griega μαρτύριον (*marytrion*). Esta palabra fue usada para referirse a un testimonio dado por un individuo que tiene evidencia de primera mano acerca de una situación y, por ende, puede servir como testigo legal de la verdad en una corte legal.

Esto significa que los mensajeros que son el cumplimiento de Mateo 24:14 deben de tener conocimiento de primera mano acerca del mensaje, justo como los testigos tienen conocimiento vital acerca de un evento. Esto requiere una relación íntima con Jesús y un conocimiento íntimo de las Escrituras. Debemos conocer a Jesús y lo que él ha dicho si es que vamos a preparar las naciones para su regreso.

El mensaje del evangelio es un testimonio a las naciones acerca de la verdad. Cuando Dios juzgue a las naciones, éstas no tendrán excusa porque habrán escuchado la proclamación que la Iglesia hizo concerniente a lo que Jesús requería. Es difícil imaginar cómo será cuando las naciones estén delante de Dios en juicio, sin excusa debido a que Dios les envió testigos a las naciones antes de sus juicios finales.

Jesús termina Mateo 24:14 con la frase *vendrá el fin*. Esta frase puede también traducirse como *Dios completará todo*. La frase *vendrá el fin* se refiere a los eventos del fin de los tiempos. Esto significa que el fin de los tiempos no ocurrirá hasta que el testimonio de Mateo 24:14 sea dado en las naciones. Dios es tan misericordioso que no permitirá que el Anticristo surja en la tierra hasta que una advertencia le sea dada a las naciones acerca de Jesús, su reino y sus planes.

Mateo 24:14 y Mateo 24:15

Jesús cambió el tono de su enseñanza en Mateo 24:15 y empezó a hacer referencia a eventos específicos del fin de los tiempos que los profetas habían predicho. El dijo,

> *Por tanto, cuando veáis la abominación de la desolación, de que se habló por medio del profeta Daniel, colocada en el lugar santo (el que lea, que entienda)....*

El empezó 24:15 con la palabra οὖν (*oun*) la cual usualmente se traduce como *así que* o *por lo tanto* (en la New American Standard Bible y la New King James Versión *en inglés*). Esta es una palabra transicional que implica la conclusión de un pensamiento que prepara la oración para lo que sigue. Jesús usó esta palabra para comunicar que Mateo 24:14 y Mateo 24:15 están conectados. Los eventos de estos dos pasajes son el resultado natural del cumplir con el testimonio a las naciones y Jesús quería asegurarse que entenderíamos que el preparar a las naciones para el tiempo del fin es parte de lo que se requiere para cumplir con Mateo 24:14.

De la misma manera en que lo que viene antes de Mateo 24:4–13 es esencial para entender Mateo 24:14, lo que viene después de Mateo 24:15 también es clave para entender todo lo que está incluido en el testimonio de Mateo 24:14. Para cumplir con Mateo 24:14, debe ser dado un testimonio que prepare a las naciones para todo lo involucrado en la abominación a la que Jesús se refiere en el verso 15. Por lo tanto, para obedecer a Jesús debemos entender la abominación que Daniel profetizó y todo lo que está implícito o asociado a ella.

Debe ser obvio, en el verso 15, que debemos entender la abominación para poder preparar a las naciones para cuando ocurra, pero el hecho de que se nos dice específicamente que tenemos que entender la profecía de Daniel significa que Jesús anticipó el hecho de que seríamos tentados a pasarla por alto. El sabía que seríamos tentados a reducir Mateo 24:14 a un simple evangelismo y perder el requerimiento de preparar a las naciones para lo que vendría. *Para obedecer a Jesús, debemos estudiar a los profetas, entender los temas principales o lo que está por venir, y luego aplicarlo a nuestra misiología.*

No podemos cumplir con Mateo 24:14 si no entendemos estas cosas y damos testimonio a las naciones acerca de ellas. En otras palabras, hasta que las naciones estén preparadas para lo que está implícito en el verso 15, los eventos del verso 15 no ocurrirán. *Así como Dios no desató sus juicios sobre Egipto hasta que Faraón fue advertido, Dios es demasiado misericordioso como para permitir que la hora final de crisis que vendrá sobre la tierra ocurra antes de que las naciones reciban un testimonio.*

Las naciones deben ser advertidas, no solo para que se arrepientan de sus pecados, sino también para que no se unan a un hombre malvado cuando baje a Jerusalén y guíe a las naciones a rebelarse contra Jesús y oponerse a los planes de que Dios tiene para la ciudad de Jerusalén y el pueblo judío. No podemos entender la misión que tenemos de ir a toda tribu y lengua sin entender el panorama escatológico en el cual la misión debe ser completada. Nuestra misiología debe ser el evangelio del reino, y debe preparar a la tierra para la abominación que Jesús advirtió vendría y para para cuando Jerusalén sea finalmente sitiada.

Si nuestra labor en las naciones no prepara a las naciones para lo que vendrá, entonces no podrá cumplir con Mateo 24:14. Solo el evangelio del reino completo que prepare a la tierra para los propósitos finales de Dios puede ultimadamente cumplir con la misión de la Gran Comisión. Esto no significa que un simple mensaje de evangelismo no es importante. De hecho, es crítico. Es el punto de partida para cumplir con Mateo 24:14. Las naciones deben recibir el ofrecimiento de salvación. Tampoco significa que todas las formas de presentar el evangelio deben de contener detalles de los tiempos del fin. Simplemente significa que las naciones deben ser advertidas y la Iglesia debe ser preparada en el proceso de discipular a las naciones.

No podemos sobre-simplificar Mateo 24:14 para que signifique que la evangelización de los gentiles dará como resultado el regreso de Jesús. En la misericordia de Dios, él no permitirá que el fin venga hasta que las naciones estén listas para cooperar con los propósitos de Dios para Jerusalén y para Israel. *La Gran Comisión no se completará hasta que la Iglesia esté preparada y las naciones sean advertidas.* Esto nos enfoca en la obra misionera. La misma debe empezar con evangelismo, pero también debe discipular a las naciones con respecto a lo que nos espera. Si nuestro trabajo misionero no logra este objetivo, no habrá cumplido entonces con Mateo 24:14, independientemente de las regiones que haya alcanzado.

Cuando vemos a Mateo 24:14 en su contexto, podemos resumir la Gran Comisión como una tarea tripartita:

1. Expandir la Iglesia a través del evangelismo.

2. Preparar a la Iglesia para el regreso de Jesús y todo lo que involucra a través de entender el plan de Dios.

3. Advertir a las naciones para que cooperen con los propósitos escatológicos de Dios.

La Gran Comisión—más que evangelismo

Parte de entender el plan de Dios para Israel y las naciones es el entender cómo la Gran Comisión prepara a las naciones para la culminación de dicho plan de Dios. Debemos entender cómo este siglo termina para preparar a la Iglesia para ello. Debemos entender el plan que Dios tiene de salvar a las naciones, su plan para salvar Israel, y cómo él ha unido ambas cosas.

Estamos acostumbrados a pensar acerca de la Gran Comisión sólo como evangelismo y sólo como algo que afecta las naciones gentiles. El evangelismo es el principio de la Gran Comisión, pero va mucho más allá. Estamos preparando a las naciones para un plan glorioso en el cual la salvación de Israel y la salvación de las naciones están unidas inseparablemente. La Gran Comisión establece el contexto para que eso ocurra.

Debemos restaurar la conexión entre Israel y la Gran Comisión. Las dos cosas no están en conflicto. Dios ama a Israel y ama a las naciones. El tiene propósitos para Israel y también para los gentiles. El va a cumplir sus propósitos al unir ambos grupos en profunda relación —en una familia—bajo su Hijo Jesús. En esta familia, Israel y los gentiles jugarán un rol específico; y nosotros queremos jugar nuestro rol específico por el bien de la familia entera.

Nuestra tarea, y nuestro gozo, es discipular a las naciones con el entendimiento de la gloria del plan de Dios para poder cooperar y trabajar con Él por el cumplimiento de todo lo que Él ha prometido.

La vocación principal de Samuel Whitefield es la de ser un intercesor en el contexto del movimiento de oración. Autor y conferencista, también es director de OneKing, un ministerio que ayuda a conectar a la Iglesia a nivel mundial con los propósitos de Dios para Israel y las naciones. Sirve en el equipo de liderazgo principal en la International House of Prayer de Kansas City y es miembro docente de la International House of Prayer University.

Para obtener recursos adicionales por favor visite samuelwhitefield.com.

Notas del traductor

- La ortotipografía religiosa ha sufrido cambios desde el año 2010. Aunque las citas de La Biblia de las Américas capitaliza los pronombres divinos, he escogido seguir el protocolo actual de escribir «él» en vez de «Él» cuando hay referencias a Dios, aunque en títulos como «el Ángel del Señor» se ha escogido capitalizarlos, contrario a lo que se puede leer en la versión bíblica (LBLA).
- N. del T. — Nota del traductor
- Misiología es una palabra relativamente nueva, la cual ha estado en uso en español solamente durante los últimos diez años.